# 비 즈 니 스
## 영어 이메일을
### 틀 리 지
### 않 고
### 쓰 는 법

KB177566

## 비즈니스 영어 이메일을
## 틀리지 않고 쓰는 법

초판 1쇄 발행 | 2019년 2월 20일
초판 6쇄 발행 | 2022년 8월  5일

지은이 | 미카 리(Mikah Lee)
발행인 | 김태웅
책임편집 | 안현진, 김현아
디자인 | 남은혜, 신효선
마케팅 총괄 | 나재승
제  작 | 현대순

발행처 | (주)동양북스
등  록 | 제 2014-000055호
주  소 | 서울시 마포구 동교로22길 14 (04030)
전  화 | (02)337-1737
팩  스 | (02)334-6624
웹사이트 | http://www.dongyangbooks.com

ISBN  979-11-5768-478-6 13740

이 도서의 국립중앙도서관 출판예정도서목록(CIP)은 서지정보유통지원시스템 홈페이지(http://seoji.nl.go.kr)와
국가자료공동목록시스템(http://www.nl.go.kr/kolisnet)에서 이용하실 수 있습니다.
(CIP제어번호: CIP2019001387)

표현사전이나 패턴회화에는 절대 안 나오는 기적의 이메일 핵심비법 100

# 비즈니스 영어 이메일을 틀리지 안ㅎ 쓰 는 고 법 지

영어 이메일이
순식간에 써진다

미카 리(Mikah Lee) 지음

📖 동양북스

「황금알을 낳는 비즈니스 영어이메일 비법 180」을 2008년도에 출간하고, 11년 후에 「비즈니스 영어 이메일을 틀리지 않고 쓰는 법」을 세상에 내놓습니다. 독자들께 책을 통해 더 발전된 모습을 보이는 데 의외로 긴 시간이 걸렸습니다.

이번 책을 쓰면서 저는 '실제로 무역을 하는 사람들이 영어로 이메일을 쓸 때 자주 고민하는 표현을 담는 것'과 '한국 비즈니스 문화와 다른 미국권 비즈니스 문화를 전달하는 것', 그리고 20년간 한국 장비 및 산업용 제품을 판매하면서 나름대로 익힌 '국제 마케팅 노하우를 가능한 한 많이 전달하는 것'을 목표로 했습니다.

시중의 다른 영어책들과 비교했을 때 저자로서 평가하는 제 책의 강점은 영어 이메일을 단순히 영어적인 측면에서만 접근하는 것이 아니고, 비즈니스적 배경을 통해 접근해서 실제 글로벌 현장에서 통용되는 영어 이메일 도구를 제공하는 것이라고 생각합니다. 비즈니스 영어 이메일을 배우고자 하는 대부분의 독자들이 영어 이메일을 무역의 핵심 도구로 쓰고 있다고 판단하기 때문에, 제 책이 그분들에게 조금이나마 보탬이 되길 바라는 마음입니다.

외국에서 바라보는 한국은 결코 작은 나라가 아닙니다. 또한 세계 각국의 엔지니어들과 매일 함께 일하고 의사소통하는 저로서는 한국 엔지니어들의 우수성을 너무도 잘 알고 있습니다. 그렇기에 영어가 부족해서 잘못 전달되는 문서나 이메일을 볼 때마다 더욱 안타까움이 컸고, 미력하나마 제가 가진 지식과 노하우를 통해 실질적인 도움을 드려서 우리나라의 수출이 더 잘 되도록 돕고 싶다는 일종의 사명감을 본 책으로 실천하고자 했습니다.

수출대국 대한민국의 대들보인 직장인들과 향후 대한민국 수출을 책임질 대학생들에게 힘내시라고 멀리서 힘껏 응원을 보냅니다. 힘들긴 해도 국제 무역만큼 재미있고 무궁무진한 도전 정신을 갖게 하는 분야도 드물지 않은가요!

캐나다 토론토에서 미카 리(Mikah Lee)

비즈니스 영어 이메일은 글로벌 기업들이 직원 및 고객들과 소통하는 가장 기본적인 수단이자 비즈니스의 핵심 성공 요인입니다. 이 책은 한국인이 무심코 실수하기 쉬운 사례들을 쉽고 체계적으로 습득할 수 있게 잘 정리해 놓았고, 저자의 전공과 비즈니스 경험을 바탕으로 광범위한 영역에서 활용 가능한 다양한 비즈니스 팁들을 제공하고 있어 가히 비즈니스 영어 이메일의 정석이라고 부를 수 있습니다.

삼성전자 삼성리서치 인사팀장 김호균 상무

학생들에게 이메일을 받아 보면 몇 가지 실수와 오류가 반복적으로 발견됩니다. 가령 발신인이 누구인지 알 수 없는 메일부터 제목란에 단순히 '안녕하세요'라고만 쓰여 있는 메일, 필요한 참조인이 빠져 있는 메일, 뒤죽박죽 쓰여져 무엇을 질문한 것인지 파악이 안 되는 메일 등이 대표적입니다. 그래서 저는 '세련된 신입사원이 되는 법'이라는 수업 속 작은 코너를 통해 학교에서는 정식으로 가르쳐 주지 않지만 직장인이라면 당연히 지켜야 하는 '이메일 커뮤니케이션 규칙'을 학생들에게 알려 주려고 노력해 왔습니다. 그렇기에 미카 리 대표의 「비즈니스 영어 이메일을 틀리지 않고 쓰는 법」은 참 반갑습니다. 제가 수업 시간을 통해 전달하고자 했던 내용들을 미카 리 대표는 이 책에서 구체적인 사례들과 함께 차근차근 알려 주고 있습니다. 직장인은 물론 세련된 신입사원이 되려는 모든 취업 준비생은 책에 들어 있는 모든 내용을 꼼꼼히 읽고 항상 실행에 옮기길 바랍니다.

국민대학교 경영대학 주재우 부교수

일본으로만 수출하고 있던 저희 회사에 어느 날 캐나다 바이어로부터 의뢰가 날아들었습니다. 무척 반가운 소식이지만, 영어 수준이 '하'인 저에게는 거의 쇼크 수준이었습니다. 하루에 두세 통씩 들어오는 영어 이메일에 답장을 쓰다 보면 하루가 끝나 있곤 했습니다. 급한 마음에 서점에 나가 영어 이메일 관련 책들을 뒤지기 시작했고 그때 우연히 발견한 책이 바로 저자의 전작인 「황금알을 낳는 비즈니스 영어이메일 비법 180」입니다. 영어 왕초보인 제가 봐도 한눈에 알기 쉽게 설명되어 있어 지금까지도 늘 곁에 두고 영어 이메일을 쓸 때마다 펼쳐보며 도움을 받고 있답니다. 「비즈니스 영어 이메일을 틀리지 않고 쓰는 법」도 역시나 내용이 더 알차지고 정말 필요한 내용들만 고스란히 담겨 있네요. 정곡을 찌르는 설명은 이메일뿐 아니라 회화에서도 많은 도움이 될 것 같습니다. 이번 책도 늘 옆에 두고 볼 가능성 100%입니다.

TPGENG 남영미 차장

미카 리 대표의 해외 비즈니스 실무 경험에서 우러나온 실용적인 꿀팁들로 구성되어 있어, 해외업무 담당자들에게는 정말이지 단비와 같은 책이네요. 사실 시중의 영어 이메일 도서의 경우 비즈니스 전문가가 아닌 영어교육 종사자들이 쓴 책이 많아 비즈니스 실무에 활용하는 데는 다소 아쉬움이 있었거든요. 실제 해외 업무를 진행하면서 궁금했던 것들만 족집게처럼 쏙쏙 뽑아내어 수록해 두어, 비즈니스 영어에 익숙하지 않은 회사원들에게 매우 유용할 것이기에 추천드립니다.

㈜인천경제산업정보테크노파크 라정혜 선임

해외영업을 맡고 있어 영어권 바이어들과 이메일을 주고받는 업무가 많은데, 영어 이메일을 쓸 때마다 어떻게 하면 보다 간결하고 명료하게 의사소통을 할 수 있을까 늘 고민이었습니다. 제가 영작한 문장들을 다시 읽어 보면 뭔가 매끄럽지 않고 불필요한 문장들이 많아 보였거든요. 그런데 이 책을 보니 그동안 고민이었던 부분이 말끔히 정리되는 기분입니다. 책의 요점이 한눈에 알기 쉽게 설명되어 있을 뿐 아니라 딱 필요한 내용만 군더기기 없이 상황에 맞게 활용하는 방법이 나와 있어 업무에 100% 활용할 수 있을 것 같습니다. 해외영업을 하는 실무자뿐만 아니라 취업을 앞둔 취준생들도 꼭 봐야 할 책이라고 생각이 됩니다.

대영기계공업 소병돈 대리

미카 리 대표의 「비즈니스 영어 이메일을 틀리지 않고 쓰는 법」 출간을 축하드립니다. ㈜대성하이텍은 미카 리 대표를 알게 된 지 9년이 넘었고, 미카 리 대표의 조력과 조언 덕분에 미국의 유수 기계 메이커들과 거래를 시작하게 되었습니다. 그간 제가 봐 온 미카 리 대표는 국내 중소기업의 해외 출장 및 미팅 시에는 직접 미팅 장소에 나와서 본인의 노하우를 전수해 주는 것은 물론, 우리나라 중소기업의 수출 확대를 위해 매우 강한 열정을 보여 주었습니다.

한국에는 뛰어난 기술력을 갖고 있음에도 불구하고 해외 시장 진출에 어려움을 겪고 있는 중소기업들이 많습니다. 대한투자무역진흥공사(KOTRA)나 중소기업진흥공단 등에서도 중소기업의 수출에 대해 양질의 조력을 해 주고 있지만, 비즈니스의 현장에서 다양한 글로벌 기업들을 상대로 협상과 거래를 진행해 온 미카 리 대표의 조력은 수출 확대를 꿈꾸는 중소기업에게 있어 매우 실질적인 도움이 될 것입니다.

비즈니스에서는 이메일에 쓰인 사소한 실수, 잘못된 문구 하나가 큰 오해나 손해로 이어질 수도 있고, 반대로 적절한 이메일 하나가 기업에 큰 성과를 가져오기도 합니다. 「비즈니스 영어 이메일을 틀리지 않고 쓰는 법」은 수출의 A부터 Z까지의 노하우가 가득 담긴 책으로서, 문법과 영작에 있어 기초적인 내용을 전달하는 것처럼 보이지만 해외영업을 직접 담당하고 있는 저조차도 자주 실수하여 오해를 불러일으키는 표현들을 바로잡아 주고 있어 비즈니스 영어 이메일의 지침서 같은 책이라고 생각합니다. 이 책에서 소개하는 100가지 비법을 늘 염두에 두며 영어 이메일을 작성하고 해외 고객과 의사소통한다면, 매우 간결하면서도 임팩트 있는 의사소통으로 해외 비즈니스의 효율성 및 결과까지 긍정적으로 극대화할 수 있을 것입니다.

한국 경제에서 수출이 차지하고 있는 비중은 무척 높습니다. 그리고 이메일이야말로 글로벌 시대에 필수적인 의사소통 수단이죠. 따라서 이메일을 네이티브처럼 적절하게 쓸 수 있는 능력은 해외무역 및 수출 업무를 꿈꾸는 분들에게는 필수 역량이자 생존에 필요한 툴이라고 생각합니다. 이 책은 중소기업뿐만 아니라 거대 글로벌 기업에서 해외와 거래를 하는 담당자라면 필독해야 하는 도서라고 생각합니다. 부디 이 책이 많은 기업, 학교, 조직에서 유용하게 활용되기를 진심으로 기원합니다.

㈜대성하이텍 최호형 전무이사

제가 테네코 사의 글로벌 장비 및 툴링 구매과장이었을 때 7년간 미카 리 대표와 함께 일했습니다. 미카 리 대표는 상황에 따라서 시간을 들여서 배우기도 하고, 이끌기도 했습니다. 그녀는 업계에서 보기 드문 수준의 고객 만족도를 지키며, 8시간의 근무시간 안에 14~16시간 분량의 결과를 내는 법을 알고 있었습니다. 저도 그녀를 따라가기 위해서 열심히 뛰었던 기억이 생생합니다. 미카 리와 함께 일했던 사람들은 그녀의 추진력, 전체적인 것에서 가치를 볼 수 있는 능력, 그리고 자연스럽게 지식을 전달하는 능력에 있어 배울 점이 많다는 것에 동의할 것입니다. 미카가 지금도 그리고 내일도 고객의 기대와 타깃을 맞출 것임을 알고 있으며, 그녀가 쓴 책도 자신의 지식과 경험을 체계적으로 쉽게 독자에게 전달할 것이라고 믿습니다.

John Diamantis, MCIP and Supplier Development Manager

**교과서 영어로 오늘도 진땀 빼고 있을 직장인들을 위한 책!
비즈니스 이메일, '표현'에서 '전략'까지 딱 이만큼만 쓰시면 됩니다!**

## 한국인이 가장 많이 틀리는 영어 이메일 대표 실수만을 모았습니다!

S전자 김 과장도, K테크 홍 대리도 꼭 틀리는 표현만을 모았습니다. 회사는 달라도 한국인이 자주 틀리는 표현은 정해져 있습니다. 이 책은 저자가 각 기업의 해외 담당 직원들로부터 받은 수천 통의 영문 이메일을 실제 분석하여 한국인이 가장 많이 실수하는 이메일 표현 및 전략을 사례별로 정리한 100% 실전 비즈니스 영어 책입니다.

## 국제 비즈니스 전문가에게 '표현'에서 '전략'까지 함께 배우세요!

비즈니스 이메일은 단지 영어를 잘 안다고 해서 잘 쓰는 것이 아닙니다. 한국인의 영어 이메일 오류는 크게 ❶ 영어적 오류, ❷ 문화적 오류, ❸ 해외 비즈니스 무경험에서 오는 오류가 있습니다. 1번은 영어 선생님이 고쳐 준다고 해도 2, 3번은 영어 선생님들이 가르쳐 줄 수 없는 영역입니다. 비즈니스 영어, '표현'에서 '전략'까지 전문가에게 처음부터 제대로 배우세요!

## '소개·제안·문의'에서 '계약·협상·클레임'까지 이 책 한 권이면 OK!

쓸 때마다 고민되는 이메일의 인사표현에서 회사 및 제품 소개, 가격 협상, 클레임 처리까지 비즈니스 이메일의 모든 고민을 이 책 한 권으로 해결하세요! 기초 영어 표현에서 고급 비즈니스 전략까지 하나씩 하나씩 알기 쉽게 설명해 드립니다. 비즈니스 이메일, 예문의 차이가 비즈니스 성과의 차이입니다.

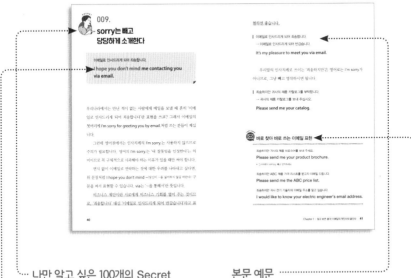

···· 나만 알고 싶은 100개의 Secret

한국인이 영어 이메일을 쓸 때 가장 많이 실수하는 100개의 사례가 주제별로 정리되어 있습니다. 영어권 문화에 걸맞은 자연스러운 영어 표현에서 바이어를 끌어당기는 비즈니스 전략까지 한꺼번에 마스터하세요.

본문 예문 ····

학습자가 본문의 설명을 충분히 숙지할 수 있도록 다양한 예문들을 수록하였습니다. 본문에서 다루는 내용을 구체적인 영어 예문을 통해 다시 한 번 효과적으로 학습할 수 있습니다.

······ 대표 예문

한글 표현을 가장 효과적으로 영작한 대표 예문을 제시합니다. 이때 한글과 영어를 단순히 1:1로 영작하지 않고, 발신자의 의도를 충분히 살릴 수 있는 영어 표현을 엄선하여 수록하였습니다.

바로 찾아 바로 쓰는 이메일 표현 ····

실제 이메일을 쓸 때 곧바로 활용가능한 다양한 응용 표현들을 연계하여 제시합니다. 제시된 응용 표현들을 효과적으로 활용하여 자신만의 매력적인 비즈니스 영어 이메일을 작성하세요.

# 목차

## Chapter 1 알고 보면 쉽다!
# 이메일의 첫인사와 끝인사

## Chapter 2  한국인이 자주 실수하는 이메일의 문법

Chapter **3**

이메일에서 가장 중요한
**가격/제안/협상 표현**

## Chapter 5 어려운 상황을 해결할 때 쓰는 이메일 표현

# 1

# 알고 보면 쉽다!
# 이메일의
# 첫인사와 끝인사

# 01

## 이메일의
## 시작과 자기소개

# 001.
# Dear 뒤에 받는 사람 이름 쓰는 법

윌슨 선생님, 안녕하세요.

**Dear Mr. Wilson**, 혹은 **Hello, Mr. Wilson.**

이메일은 보통 'OOO 씨, 안녕하세요.' 하는 인사로 시작하죠? 영어 이메일에서는 Hello나 How are you 뒤에 쉼표(,)를 넣은 후 이메일 수신자의 이름을 씁니다. 하지만 Hello나 How are you 같은 인사 표현이 꼭 필요한 것은 아닙니다. '~께'라는 의미의 Dear OOO,만 써도 '안녕하세요?'의 의미까지 포함하니까요.

　그렇다면 받는 이의 이름은 어떻게 표기하면 좋을까요? 가령 수신인이 로버트 윌슨(Robert Wilson)이라면 다음과 같이 쓰면 됩니다.

❚ 안녕하세요, 윌슨 선생님.

**Hello, Mr. Wilson.** [Hello, + Mr./Ms. + 성 + 마침표]

**How are you, Mr. Wilson?** [How are you, + Mr./Ms. + 성 + 물음표]

**Dear Mr. Wilson,** [Dear + Mr./Ms. + 성 + 쉼표]

▌ 안녕하세요, 로버트 윌슨 선생님.

**Dear Robert Wilson,**  [Dear + 풀 네임 + 쉼표]

**Dear Mr. Robert Wilson,**  [Dear + Mr./Ms. + 풀 네임 + 쉼표]

▌ 로버트 윌슨 씨, 안녕하세요?

**Hello, Robert Wilson.**  [Hello, + 풀 네임 + 마침표]

**How are you, Robert Wilson?**  [How are you, + 풀 네임 + 물음표]


이때 Mr./Ms./Dr. 등은 '성' 또는 '성＋이름' 앞에만 쓰고, 단독으로 '이름'만 쓰면 붙이지 않는다는 점을 기억해 주세요.

시중의 이메일 책에 자주 등장하는 To Whom It May Concern, (관계자분께)이란 표현은 실제 비즈니스 이메일에서는 자주 쓰이지 않습니다. 비즈니스 이메일에서 상대방의 이름도 모른 채 메일을 보낸다면 이는 곧장 삭제(delete)되거나 스팸 메일(junk mail)로 처리되어 휴지통으로 직행하게 될 테니까요. 명심하세요. 모르는 사람에게 처음 이메일을 보낼 때, 당신의 이메일을 읽히게 하는 첫 비법은 상대방 이름을 적는 것입니다.

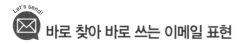

## 바로 찾아 바로 쓰는 이메일 표현

안녕하세요, 스미스 씨. 저는 박상민입니다.

**Hello, Mr. Smith.**
**I'm Sangmin Park.**

안녕하십니까, 라이너 사장님.

**How are you, Mr. Reiner?**

▶ '사장'이라고 굳이 president로 표현하지 않아요. Mr., Ms., Mrs.도 충분히 예의를 갖춘 것입니다.

안녕하세요, 로즈메리 여사님.

**Dear Mrs. Rosemary,**

안녕하세요, 로트만 씨. 이메일로 인사드리게 돼서 반갑습니다.

**Hello, Mr. Rotman.**
**It's a pleasure to meet you via email.**

# 002.
# 받는 사람의 흥미를 유발하는
# 제목을 넣어라

우리는 2019년 컴덱스에서 만났습니다.

**We met at the 2019 COMDEX.**

이메일을 보낼 때는 반드시 subject line(제목란)을 써야 하고, 제목 내용은 가능한 한 상세하고 구체적이어야 합니다. 위 예문은 subject line에 쓰기 좋은 제목입니다. 이 제목은 수신인의 흥미를 유발함으로써 수신인이 열어 볼 확률을 높이기 때문이죠.

반면 이메일의 제목란이 비어 있거나 Hello(안녕하세요) 혹은 Introducing a New Product(신제품 소개)라고만 되어 있으면 스팸 메일로 오해하여 열어 보지 않고 지우는 경우가 많습니다. 이메일은 쓰는 것도 힘들지만 읽히게 하는 것은 더 힘든 과제이므로, 시간과 공을 들여서 흥미를 유발하는 제목을 쓰세요. 그리고, 반드시 수신인의 이름을 적으세요. 수신인의 이름을 아무리 노력해도 찾을 수 없으면 관련 부서 이름이라도 쓰십시오. 그래야만 애써 작성한 이메일이 스팸 메일로 처리되는 참사를 막을 수 있습니다.

'~한 적이 있다'는 우리말 때문에 영어의 완료시제를 쓰기 쉬운데, 2019 COMDEX라는 특정한 과거 시점에 발생한 일이므로 단순과거시제를 써야 하는 것에 유의하세요.

┃ 우리는 2019년 토론토의 한 무역박람회에서 만났습니다.

**We met at a 2019 trade fair in Toronto.**

┃ 귀하께 4월에 샘플을 보냈습니다.

**I sent you a sample in April.**

제품을 소개하는 이메일이라면 자사 제품의 장점을 제목에 쓰는 것도 좋은 방법입니다.

[1단계] 상대방에게 강조하고 싶은 자사 제품의 장점을 생각해 본다.

우리 회사 제품이 경쟁사 제품인 OO보다 가볍고 저렴하다.

[2단계] 핵심 단어를 떠올린다.

➡ **lighter** (더 가볍다), **cheaper** (더 저렴하다), **than OO** (OO보다)

[3단계] 매력적인 제목을 짓는다

➡ **Our product is lighter and cheaper than OO.**
(저희 제품은 OO보다 더 가볍고 저렴합니다.)

귀사의 박람회 등록 관련 질문

## Questions about your trade show registration

저는 귀사의 샘플을 어제 받았습니다.

## I received your sample yesterday.

저는 귀사의 가격 목록을 지난주에 받았습니다.

## I received your price list last week.

박소라 씨가 저를 귀하에게 소개했습니다.

## Ms. Sora Park introduced me to you.

저는 지난주에 마이크를 만났습니다.

## I met Mike last week.

CES(소비자 가전 전시회)에서 미팅 요청

## Meeting request at CES

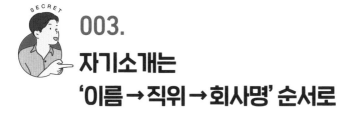

# 003.
# 자기소개는
# '이름→직위→회사명' 순서로

저는 심테크 사 마케팅 과장 김순영입니다.

**I'm Soonyoung Kim, the marketing manager at Simtech.**

비즈니스 이메일의 경우 자신을 소개해야 하는 상황이 자주 발생합니다. 자기소개를 할 때 우리말은 '심테크 사 마케팅 과장 김순영'처럼 큰 단위에서 작은 단위로 내려오지만, 영어의 자기소개는 내 이름이 가장 중요하니까 이름 먼저, 그 뒤에 직위/직책, 그리고 회사명 순서로 씁니다.(영어는 관계가 가까운 것을 먼저 말하는 것이 특징입니다.) 단어들을 나열할 때, 단어와 단어 사이에 쉼표(,)를 꼭 넣는 것도 기억해 두세요.

marketing manager가 회사에 여러 명이고 자신은 그중 한 명이면 a marketing manager를 쓰고, 회사에 한 명이면 the marketing manager를 씁니다.

영어에서 manager는 '과장급'에 해당합니다. 과장보다 한 단계 위인 '차장'은 senior manager, 한 단계 아래인 '대리'는 assistant manager로 표현합니다. 보통 호칭 앞에 senior가 붙으면 한 단계 위를 가리키고, assistant는 업무를 보조하는 인물을 일컫는 호칭입니다. (임원 비서를 executive assistant라고 합니다.) director는 '부장급 이상'을 가리킵니다. '이사'는 executive director라고 하면 무난합니다. executive는 회사의 결정권을 가진 임원을 가리킬 때 쓰는 호칭입니다.

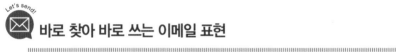

## 바로 찾아 바로 쓰는 이메일 표현

저는 현대자동차에서 근무하는 영업부 이수만 과장입니다.

**I'm Sooman Lee, a sales manager at Hyundai Motors.**

▶ 직위/직책이 이름 뒤에 오는 경우는 소문자로 씁니다.

저는 대림에서 근무하는 제품 개발 연구원 박미나입니다.

**I'm Mina Park, a product development researcher at Daerim.**

저는 고려대학교에서 교수로 있는 박혜주입니다.

**I'm Hyejoo Park, a professor at Korea University.**

중소기업진흥공단의 글로벌 비즈니스 팀 조아라 차장을 참조합니다.

**I'm ccing Ara Cho, the senior manager of the Global Business Department at the Small Business Corporation.**

저는 삼성전자에서 근무하는 제품 기획 팀장 정우성입니다.

**I'm Useong Jeong, the director of the product planning team at Samsung Electronics.**

# 004.
# 회사명 뒤에는 URL을 넣는다

LPR 글로벌 사의 마케팅 과장 곽태원이라고 합니다.

**I'm Marketing Manager Taewon Kwak from LPR Global (www.lprglobal.com).**

비즈니스 이메일에서 자기소개를 할 때 '이름'과 '직위'는 Secret 003 에서처럼 '이름→직위→회사명' 순으로 표현할 수 있지만, 위 예문의 Marketing Manager Taewon Kwak처럼 '직위와 이름'을 하나로 연결할 수도 있습니다. 단, 직위가 이름 바로 앞에 올 때는 직위를 대문자로 쓰며, 직위와 이름 사이에 쉼표를 넣지 않습니다.

회사명을 소개하는 '~에 근무하는'은 'with/of/from+회사명'으로 다양하게 표현할 수 있습니다. '회사와 함께'의 개념으로 보면 with, 회사를 '소속'의 개념으로 보면 of나 from 등을 쓸 수 있습니다. 회사명 뒤에는 URL을 링크하여 받는 사람이 회사에 대한 정보를 원클릭으로 찾아볼 수 있도록 배려하는 것이 좋습니다.

**▌** 존은 IBM에서 왔고, 해리는 인텔에서 왔습니다.

## Jone is from IBM, and Harry is from Intel.

▶ 여러 사람이 모인 워크숍 등에서 소개할 때

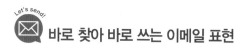

## 바로 찾아 바로 쓰는 이메일 표현

저는 해리스 산업의 HR 부장 세실리아 웨슬리입니다.

**I'm HR Director Cecelia Wesley of Harris Industries (www. hi.com).**

저는 뉴욕에 있는 IG보안에서 근무하는 필 라이너입니다.

**I'm Phil Liner with IG Security in New York (www.IGS.com).**

제 이름은 듀퐁 전기의 알렉 첸입니다.

**My name is Alec Chen from Dupont Electric (www. Dupointe.com).**

저는 지멘스 소속 어드밴스드 엔지니어링 팀의 부장 크리스 채프먼이라고 합니다.

**I'm Chris Chapman, the director of the Advanced Engineering Team at Siemens (www.siemens.com).**

# 005.
# '회사명→회사가 하는 일→소재지' 순서로 쓰자

> 저희 회사는 대구에 있는 새로나라는 배터리 제조사입니다.
>
> **Our company, Saerona, is a battery manufacturer in Daegu.**

회사소개를 할 때 흔히 '대구에 위치한 배터리를 만드는 새로나 사입니다'처럼 소재지를 먼저 소개하는 경우가 많습니다. 하지만 영어에서는 '새로나란 회사인데, 배터리를 만들고, 대구에 위치해 있다'로 순서가 바뀝니다. 영어의 어순은 '누가 무엇을 한다' 혹은 '누가 무엇이다'라는 것을 우선적으로 나열하고, '어디서' 혹은 '누구와' 등의 내용은 뒤로 보냅니다. '회사명→업종→소재지'의 순서로 기억하시면 됩니다.

실제 미팅에 들어가면, 우리말 그대로 We are Saerona in Daegu a battery manufacturer.라고 말하는 경우가 많습니다. 하지만 '대구'라는 소재지는 '배터리를 만드는 회사'라는 업종보다 중요하지 않습니다.

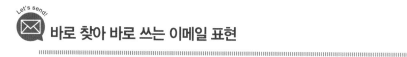
저희 회사는 부산에 있는 자동차 부품을 만드는 보보라는 회사입니다.

**My company, Bobo, is an auto parts manufacturer in Busan.**

필립 사장님이 운영하는 알파 폴란드는 폴란드 글리비체에 있는 자동차 충격 흡수 장치 제조사입니다.

**Mr. Philip's company, Alfa Poland, makes automotive shock absorbers in Gliwice, Poland.**

저희 회사 울트라맨은 서울에 있는 청소용품 유통사입니다.

**Our company, Ultraman, is a cleaning product distributor in Seoul.**

**Our company, Ultraman, distributes cleaning products in Seoul.**

**Ultraman, our company, distributes cleaning products in Seoul.**

▶ 첫 번째 문장에서는 업종을 distributor(유통사)라는 명사를 써서 표현했는데, 두 번째와 세 번째 문장에서는 동사 distribute(유통시키다)를 써서 소개하고 있습니다.

저희 회사 LPR 글로벌은 토론토에 있는 마케팅 컨설팅 회사입니다.

**LPR Global, our company, is a marketing consulting organization in Toronto.**

# 006.
# 비즈니스 고수의 답장 독촉 표현

아래의 제 이메일을 받으셨는지 확인 부탁드립니다.

**Please confirm if my email below has reached you.**

이메일을 보냈는데 답장이 오지 않을 경우 참 답답하죠? 그렇다고 '아직 답신을 못 받았으니 꼭 보내 주세요'라고 말하고 싶은 마음에 I haven't received a reply yet. Please send me a reply.라고 이메일 을 보낸다면, 오히려 상대방의 반감만 살 수 있으니 참아 주세요.

상대방에게 세련되게 답장을 독촉할 수 있는 방법이 있는데, 바로 이전에 보낸 이메일을 전달하면서 '아래의 제 이메일을 받으셨는지 확인 부탁드립니다'라고 쓰는 것입니다. 이 방법을 쓰면 두 가지 사실 이 확인됩니다. 하나는 수신 여부이고, 또 하나는 상대방이 답을 하지 않은 이유를 알 수 있습니다. 왜냐하면 답이 없던 사람도 열에 아홉은 Yes, I've received your email.(네, 저는 당신의 이메일을 받았습니다.) 등으로 답변을 주거든요.

하지만 나머지 10%는 그래도 답을 하지 않습니다. 그때에는 두 가지 선택이 있습니다. 전화를 해서 상대방에게 직접 확인을 하거나, 아니면 상대방이 내 이메일에 관심이 전혀 없는 경우이므로 더 이상 이메일을 보내지 않는 것이죠.

confirm(확인하다)은 비즈니스 이메일에서 반드시 알아 두어야 하는 단어입니다. 예를 들어, 상대방에게 제품을 보내기 전에 Please confirm your order below.(아래의 주문 내용을 확인해 주세요.)라고 써서 주문 내역을 확인받는 것이 좋습니다. reach는 '손이 닿다', '물건이 도착하다', '이메일이 도착하다', '사람에게 연락하다' 등의 표현에 씁니다.

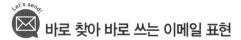

## 바로 찾아 바로 쓰는 이메일 표현

이전의 제 이메일을 받으셨는지 확인 부탁드립니다.

**Please confirm if my previous email has reached you.**

마이크 씨의 도착 날짜를 확인 부탁드립니다.

**Please confirm Mike's arrival date.**

그 제품의 사양에 대해 확인 부탁드립니다.

**Please confirm the product specifications.**

제 편지가 귀하에게 도착했습니까?

**Has my letter reached you?**

저희 제품이 귀사의 공장에 도착했습니까?

**Has our product reached your plant?**

# 02

---

# 영어권 문화에 걸맞은
# 이메일 표현

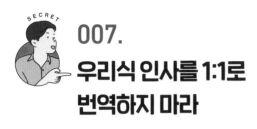

# 007.
# 우리식 인사를 1:1로
# 번역하지 마라

귀사의 일익 번창을 기원합니다.

**X**

영어권 문화에서 쓰지 않는 표현들 중 하나가 '귀사의 일익 번창을 기원합니다' 같은 덕담식 인사말입니다. 굳이 영어로 번역하자면 I hope your company continues to succeed.가 되겠지만, 북미 문화에서는 전혀 사용하지 않습니다. 그러니 이러한 덕담식 인사를 1:1로 영작하려고 하지 마세요.

영어에도 친분이 있는 사람에게 쓸 수 있는 인사 표현은 있습니다. 단, 이 표현들도 아는 사람에게 사용하며, 모르는 사람에게는 생뚱맞게 들릴 수 있으니 주의하세요.

┃ 그동안 별고 없으셨습니까?　　　　　[연락이 뜸했던 사람에게]

**I hope all is well with you.**

▌사업은 번창하시죠?　　　　　　　　[아는 사람에게]

**I hope your business is doing well.**

혹은 **How's your business doing?**

▌늘 건강하시고 행복하세요.

**Stay well and be happy.**　　　　[아는 사람에게]

**Regards,**　　　　　　　　　　　[잘 모르는 사람인 경우 혹은 격식을 갖출 때]

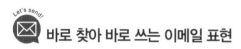

## 바로 찾아 바로 쓰는 이메일 표현

잘 지내시죠?

I hope this email finds you well.

오랜만에 연락드립니다.

It's been a long time since we communicated last.

마크가 잘 지내길 바랍니다.

I hope all is well with Mark.

어떻게 지내셨습니까?

How have you been?

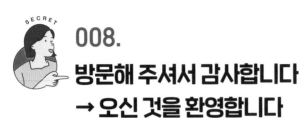

## 008.
# 방문해 주셔서 감사합니다
# → 오신 것을 환영합니다

곰돌이 (사이트)를 방문해 주셔서 감사합니다.
→ 곰돌이 (사이트)에 오신 것을 환영합니다.

**Welcome to Gomdori.**

'곰돌이 (사이트)를 방문해 주셔서 감사합니다'라는 말을 Thank you for (~에 대해 감사합니다) 구문을 써서 Thank you for visiting Gomdori.(곰돌이를 방문해 주셔서 감사합니다.)처럼 쓰는 경우가 많습니다. 물론 이 표현도 틀린 것은 아니지만 북미 영어에서는 Welcome to Gomdori.(곰돌이에 오신 것을 환영합니다.)처럼 Welcome to ~ 구문을 쓰는 것이 더 자연스럽습니다.

▌ KTX 멤버십 (사이트)에 오신 것을 환영합니다.

**Welcome to the KTX Membership.**

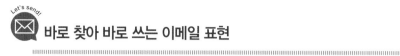

## 바로 찾아 바로 쓰는 이메일 표현

네이버에 오신 것을 환영합니다.

**Welcome to Naver.**

서울 박물관에 오신 것을 환영합니다.

**Welcome to the Seoul Museum.**

테네코 방문을 환영합니다.

**We welcome Tenneco's visit.**

▶ 테네코 사가 자사를 방문한 상황의 환영 문구입니다.

마크 씨, 저희 회사 방문을 환영합니다.

**Mark, welcome to our company.**

# sorry는 빼고
# 당당하게 소개한다

이메일로 인사드리게 되어 죄송합니다.

**I hope you don't mind me contacting you via email.**

우리나라에서는 만난 적이 없는 사람에게 메일을 보낼 때 흔히 '이메일로 인사드리게 되어 죄송합니다'란 표현을 쓰죠? 그래서 이메일의 첫머리에 I'm sorry for greeting you by email.처럼 쓰는 분들이 계십니다.

그런데 영어권에서는 인사치레의 I'm sorry.는 사용하지 않으므로 주의가 필요합니다. 영어의 I'm sorry.는 '내 잘못임을 인정한다'는 의미이므로 꼭 구체적으로 사과해야 하는 이유가 있을 때만 써야 합니다.

면식 없이 이메일로 연락하는 것에 대한 우려를 나타내고 싶다면, 위 문장처럼 I hope you don't mind ~(당신이 ~을 싫어하지 않길 바란다) 구문을 써서 표현할 수 있습니다. via는 '~을 통해서'란 뜻입니다.

비즈니스 제안이란 서로에게 비즈니스 기회를 열어 주는 것이므로, '죄송합니다' 대신 '이메일로 인사드리게 되어 반갑습니다'라고 표현하면 좋습니다.

▍이메일로 인사드리게 되어 죄송합니다.

　→ 이메일로 인사드리게 되어 반갑습니다.

**It's my pleasure to meet you via email.**

　　우리말의 인사치레로 쓰이는 '죄송하지만'은 영어로는 I'm sorry가 아니므로, 그냥 빼고 영작하시면 됩니다.

▍죄송하지만 귀사의 제품 카탈로그를 부탁합니다.

　→ 귀사의 제품 카탈로그를 보내 주십시오.

**Please send me your catalog.**

## 바로 찾아 바로 쓰는 이메일 표현

죄송하지만 귀사의 제품 브로슈어를 보내 주세요.

**Please send me your product brochure.**

　▸ 인사치레의 sorry는 빼고 영작하세요.

죄송하지만 ABC 제품 가격 리스트를 받고자 이메일 드립니다.

**Please send me the ABC price list.**

죄송하지만 귀사 전기 기술자의 이메일 주소를 알고 싶습니다.

**I would like to know your electric engineer's email address.**

# 010.
# Excuse me와
# Sorry를 구분하라

> 죄송하지만, A/S는 저희 기술 부서로 연락해 주세요.
>
> **Please contact our Technical Department for aftersales support.**

영어를 잘하는 분들도 종종 하는 실수 중 하나가 excuse me와 sorry를 혼동하는 경우입니다. excuse me를 흔히 '죄송하지만'이라고 해석하다 보니, sorry의 의미로 오해하게 된 것이 아닌가 합니다.

하지만 excuse me는 sorry(죄송하다)의 의미가 아니고, '내 행동에 대해 양해를 구한다'는 뜻입니다. 예를 들어 거리에서 행인을 붙잡고 길을 묻거나, 차에서 내릴 때 출입구를 막고 있는 사람에게 비켜 달라고 하거나, 영화관에서 사람들이 앉아 있는 곳을 지나 자신의 자리에 들어갈 때 쓰는 표현이죠. 그래서 영어 이메일에 excuse me를 쓰는 상황이 발생할 가능성은 낮습니다.

▎ 죄송하지만, 제가 여기서 내려야 합니다.

**Excuse me, I'm getting off here.**  [비켜 달라는 의미]

그럼 '죄송하지만'이란 말은 excuse me가 아니라 sorry를 쓰면 되냐고요? 앞서 말씀드렸다시피, 우리나라 사람들은 '죄송하지만'을 이야기를 꺼내는 겸양 표현으로 많이 쓰는데 영어에서는 필요 없는 사족입니다. 정말 죄송한 상황에서만 sorry를 쓰고, 인사치레로는 excuse me건 sorry건 둘 다 빼고 쓰는 것, 꼭 기억하세요!

▎죄송합니다만 아직도 사용자 매뉴얼에 있는 오류를 수정 중입니다.

**Sorry, but we're still correcting mistakes in the user manual.**

## 바로 찾아 바로 쓰는 이메일 표현

(대화 중 질문자의 말을 자르며) 죄송하지만, 기술에 대한 질문은 스미스 씨에게 해 주세요.
Excuse me, but please ask the technical question to Mr. Smith.

죄송하지만, (거기 있는) 펜을 좀 주시겠습니까?
Excuse me, can you pass me the pen?

죄송하지만, 저는 스미스 씨에게 답장을 보내지 못했습니다.
Sorry, I haven't replied to Mr. Smith.

죄송하지만, 귀하의 이메일을 다시 보내 주시겠습니까? 실수로 지웠습니다.
Sorry, could you resend me your email? I deleted it by accident.

죄송하지만, 이번에 귀사 제품 시연회에는 갈 수가 없습니다.

**Sorry, I can't come to your product demo this time.**

죄송하지만, 언제 통화를 할 수 있을까요?

**When are you available for a phone call?**

죄송하지만, 이 메일을 받으셨다는 확인 메일을 보내 주시겠습니까?

**Could you confirm receiving this email?**

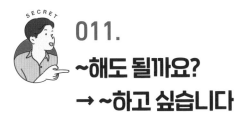

## 011.
## ~해도 될까요?
## → ~하고 싶습니다

제 소개를 해도 될까요?

**Allow me to introduce myself.**

이메일에서 자신을 소개할 때 May I introduce myself?처럼 상대방에게 허락을 구하는 질문식으로 문장을 쓰는 분들이 있습니다. 물론 문장 자체야 나무랄 데 없지만, 이메일은 상대방과 마주보며 나누는 대화가 아니므로 허락을 구하는 May I ~?(제가 ~해도 될까요?) 식의 질문이 어색한 경우가 있습니다.

허락을 구하는 식의 May I ~? 대신 제가 추천하는 표현은 '~하고 싶습니다'란 뜻의 I would like to ~, I'd like to ~ 또는 '제가 ~할게요'란 뜻의 Allow me to ~입니다.

▌ 제 소개를 하겠습니다.

**Allow me to introduce myself.**

**I'd like to introduce myself.**

하지만 이런 표현 없이 곧바로 Hello, I'm Mikah Lee.(안녕하세요. 저는 미카 리입니다.)라고 시작하는 것이 더 효율적일 수도 있습니다. 휴대전화로 이메일을 읽을 수도 있으니 꼭 할 말만 하는 건 어떨까요?

## 바로 찾아 바로 쓰는 이메일 표현

박미나 씨의 연락처를 알 수 있을까요?
→ 박미나 씨의 연락처를 받고 싶습니다.

**I'd like to get Mina Park's contact information.**

샘플 테스트를 해도 될까요?
→ 샘플 테스트를 하고 싶습니다.

**I'd like to test some samples.**

저희 제품 브로슈어를 받아 보시겠습니까?
→ 저희 (제품의) 브로슈어를 보내 드리겠습니다.

**I'd like to send you our brochure.**

저희 회사의 박철수 사장님을 소개하겠습니다.

**Allow me to introduce our CEO, Cheolsu Park.**

▶ 사장님 이름을 꼭 쓰세요.

박알랜 상무님을 소개하겠습니다.

**I would like to introduce the Managing Director, Alan Park.**

XYZ 제품을 총괄하는 차순이 마케팅 부장님을 본 이메일에 참조합니다.

**Marketing Director Suni Cha, who is in charge of XYZ, is cced in this email.**

# 012.
## '많이 바쁘시죠?' (✗)
### → 질문의 의도를 구체적으로 쓴다

저는 지난번 제 이메일에 대한 답을 듣고 싶습니다.

**I would like to hear from you about my last email.**

우리말로 흔히 '많이 바쁘시죠?'라고 질문을 하는 경우가 있는데, 이를 Are you very busy?라고 영어 이메일에 써서 보내면 듣는 입장에서 비아냥거린다는 오해를 낳을 수 있습니다. '답장도 못 보낼 만큼 그렇게 바빠?'라는 느낌을 줄 수 있거든요.

그냥 질문하는 의도를 풀어서 쓰세요. 예를 들어 '제 이메일에 대한 답을 듣고 싶습니다' 혹은 '시간 나실 때 답장 부탁드립니다'처럼 자신의 의도를 구체적으로 쓰세요. 모호한 질문을 함으로써 발생하는 오해는 방지하는 게 좋습니다. '시간 나실 때'는 영어로 at your convenience 가 적격입니다. '편리한 시간에', '편하실 때에'란 뜻입니다.

▌시간 나실 때 답장 부탁드립니다.

**Please reply** at your convenience.

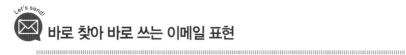

## 바로 찾아 바로 쓰는 이메일 표현

편할 때 제게 연락해 주세요.

**Please contact me at your convenience.**

언제 시간이 되세요?

**When are you available?**

스미스 씨는 언제 시간이 되세요?

**When is Mr. Smith available?**

스미스 씨에게 언제 전화를 하면 될까요?

**When is Mr. Smith available for a phone call?**

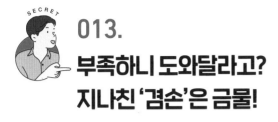

# 013.
## 부족하니 도와달라고?
## 지나친 '겸손'은 금물!

많이 부족하니 도와주시기 바랍니다.
→ 제가 아직 배울 것이 많습니다.

**I still have a lot to learn.**

우리나라에서는 자신을 낮춰 말하는 겸손이 미덕으로 받아들여집니다. 하지만 영어권에서는 주의할 필요가 있습니다. 가령 '많이 부족하니 도와주시기 바랍니다' 같은 말을 영어로 옮기면 '겸손'으로 전달되는 것이 아니라, '자신감 결여' 혹은 '무능력함'으로 들릴 수 있습니다.

원어민 입장에서 I'm not good enough, so please help me. 식의 표현은 정말이지 이상한 표현입니다. 우선 비즈니스에서 자신이 부족하다고 말하는 것 자체에 의아해할 것이고, 뭘 도와달라는 것인지 의문이 들게 만들기 때문입니다.

인사치레로 하는 '도와주세요'는 빼 버리세요. 구체적인 도움을 요청하는 상황이 아니라 그냥 하는 인사라면 위의 예문처럼 '제가 아직 배울 것이 많습니다' 혹은 다음 문장처럼 '최선을 다하겠습니다'로 바꿔 보세요.

▎ 최선을 다하겠습니다.

**I will do my best.**

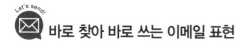

## 바로 찾아 바로 쓰는 이메일 표현

저희가 스미스 씨로부터 배울 것이 많습니다.

We have a lot to learn from Mr. Smith.

저는 스미스 씨로부터 많은 것을 배웠습니다.

I learned a lot from Mr. Smith.

시간을 맞추기 위해 최선을 다하고 있습니다.

I'm doing my best to meet the timeline.

SECRET

## 014.

# 앞으로 잘 부탁드립니다
# → 함께 일할 것이 기대됩니다

앞으로 잘 부탁드립니다.
→ 귀하와 함께 일할 것이 기대가 됩니다.

**I look forward to working with you.**

우리식 인사말인 '앞으로 잘 부탁드립니다'를 애써 직역하면 Please take good care of me.인데, 영어권에서 보면 한참 이상한 표현입니다. 수신자에게 나를 잘 돌보라고 하는 것이니까요.

앞으로 좋은 관계를 유지하자는 의미의 문장으로는 '저는 귀하와 함께 일할 것이 기대가 됩니다.'라는 I look forward to working with you.를 추천합니다. look forward to는 '~을 고대하다'란 뜻으로, to 뒤에 명사 또는 동명사가 나와야 하는 데 주의하세요.

┃ 귀하의 회신을 기대하겠습니다.

**I look forward to your reply.**

┃ 귀하의 답변을 기대하겠습니다.

**I'm looking forward to hearing from you.**

영어로 이메일을 쓸 때, 우리말로 쓴 내용을 그대로 번역하지 말고 영어권에서 쓰는 표현인지를 꼭 확인해 보세요.

 바로 찾아 바로 쓰는 이메일 표현

저는 귀하를 만날 것이 기대가 됩니다.

**I look forward to meeting with you.**

김미숙 씨는 스미스 씨와의 미팅을 기대하고 있습니다.

**Ms. Misook Kim is looking forward to meeting with Mr. Smith.**

스미스 씨는 귀하와 함께 일할 것을 기대하고 있습니다.

**Mr. Smith is looking forward to working with you.**

# 03

## 자연스러운
## 이메일 맺음말

# 015.
# 이메일의 골뱅이(@)도 at,
# 일반 주소 앞에도 at

제 이메일 abc@def.com으로 보내 주세요.

**Please email me at abc@def.com.**

흔히 '골뱅이'라고 불리는 이메일 주소의 @은 영어로 뭐라고 읽을까요? 이것은 at이라고 읽습니다. '@ 기호'는 at mark라고 합니다. .com 처럼 com 앞에 오는 '점'은 dot이라고 읽습니다.

영어에서는 이메일이나 주소 앞에 at을 씁니다. at은 좁은 영역을 가리키는 표현으로, 구체적인 장소나 시간을 말할 때 씁니다. 예를 들어 '제가 귀하의 사무실로 찾아뵙겠습니다'라는 말을 하고 싶으면 I will see you at your office.라고 합니다. '메리의 생일 파티에서'는 at Mary's birthday party, '점심시간에'는 at lunch라고 합니다.

┃ 박 대리의 이메일 abc@def.com으로 보내 주세요.

**Please email Mr. Park at abc@def.com.**

▶ abc@def.com는 abc at def dot com으로 읽습니다.

**┃** 그 무역 박람회에서 뵙기를 바랍니다.

**I hope to see you at the trade show.**

 바로 찾아 바로 쓰는 이메일 표현

저녁 7시에 만납시다.

Let's meet at 7 p.m.

점심시간에 봅시다.

Let's meet at lunch (time).

그 가게에서 만납시다.

Let's meet at the store.

저희 회사는 블로어 가 344번지에 있습니다.

My company is located at 344 Bloor Street.

그 회의는 오전 9시에 시작합니다.

The meeting starts at 9:00 a.m.

## 016.

# '언제든지 연락 주세요'는
# Please feel free to contact ~

질문이나 의견이 있으시면 언제든지 연락 주세요.

**Please feel free to contact me if you have
any questions or comments.**

이메일을 마칠 때 흔히 '언제든지 연락 주세요'라는 표현을 쓰죠? 영어
권에서는 주로 Please feel free to contact ~ 구문을 써서 '편하게 연
락 주세요'라고 표현합니다. feel free to ~는 '편하게 ~하세요'라는 뜻
이니까, Please feel free to contact me.라고 쓰면 '저에게 편하게 연
락하세요'라는 뜻이 되는 것입니다.

이 표현은 Please contact me.보다 영어권에서 훨씬 많이 쓰입
니다. Please contact me.는 말 그대로 '연락 주세요'이지만, Please
feel free to contact me.는 '저에게 편하게 연락 주세요.'라고 상대방
을 배려하는 표현입니다.

❙ 질문이 있으시면 저희에게 편하게 이메일을 보내 주세요.

**Please feel free to email us with your questions.**

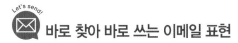

## 바로 찾아 바로 쓰는 이메일 표현

우리를 편하게 방문해 주세요.

**Please feel free to visit us.**

저에게 편하게 전화해 주세요.

**Please feel free to call me.**

부담 갖지 마시고 들러 주세요.

**Please feel free to drop by.**

저에게 편하게 연락하라고 제인에게 전해 주세요.

**Please tell Jane to feel free to contact me.**

# 017.
## 안녕히 계세요
## → Goodbye!가 아닌 다른 표현

안녕히 계세요.
이미카 올림

**Kind regards,**

**Mikah Lee**

이메일의 맺음말을 쓸 때 '안녕히 계세요'란 뜻으로 Goodbye!를 쓰는 경우가 있습니다. 하지만 Goodbye!는 '잘 가'라는 작별 인사이지, 이메일의 맺음말로는 적합하지 않습니다.

　이메일의 끝인사는 Have a nice day.(좋은 하루 되세요. : 아는 사람인 경우) 혹은 Best regards,(안부를 담아서: 격식을 차린 인사), Kind regards, Warm regards, Regards, 같은 표현을 쓰세요. 이때 쉼표(,)를 반드시 넣고, 대문자로 쓰셔야 합니다. 그리고 한 줄을 띈 다음 보내는 사람의 이름을 쓰는 것도 잊지 마세요.

| 좋은 하루 되세요.
　이미카 올림

**Have a nice day.**

**Mikah Lee**

안녕히 계세요.
이만수 올림

Warm regards,
**Mansoo Lee**

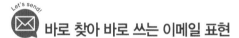

## 바로 찾아 바로 쓰는 이메일 표현

안녕히 계세요.
이수만 올림

Best regards,
Sooman Lee

안녕히 계세요.
제품 개발팀 박미나 올림

Regards,
Mina Park
Product Development Researcher

좋은 주말 되세요.

Have a nice weekend.

좋은 휴일 되세요.

Have a nice holiday.

# 018.
## '수고하세요'를 직역하지 않는다

> 귀하의 노고에 감사드립니다.
>
> **Thank you for the hard work.**

우리나라에서는 이메일의 맺음말로 '수고하세요'라는 표현도 많이 쓰죠? 하지만 영어 이메일에 '수고하세요'를 직역해서 Keep working hard.라고 쓰면 불필요한 오해를 불러올 수 있습니다. 이 표현은 마치 상관이 부하 직원에게 '일 열심히 해'라고 말하는 뉘앙스를 풍기기 때문이죠. 물론 같은 회사 직원이라면 그렇게 쓸 수도 있겠지만, 동등한 위치의 협력업체 담당자에게 그런 말은 안 쓰는 것이 낫겠죠? 굳이 상대가 열심히 노력하는 것에 감사를 표하고 싶다면 아래와 같은 표현들을 사용할 수 있습니다.

▌귀하의 노고에 감사드립니다.

**Thank you for the hard work.**

**Thank you for your hard work.**

▎귀하의 노력에 감사드립니다.

**Thank you for your efforts.**

　그런데 사실 '수고하세요'는 상대방의 노고에 대한 감사 표현이라기보다 단순히 이메일의 맺음말로 쓰는 경우가 많죠? 그런 의미라면 그냥 Regards,(안부를 전하며) 정도의 표현을 쓰고 한 줄을 띈 후, 보내는 사람의 이름을 쓰면 맺음말 인사로 적합합니다.

 **바로 찾아 바로 쓰는 이메일 표현**

귀하의 노고에 감사드립니다.

I appreciate your hard work.
I appreciate your efforts.

귀하의 노력을 느낄 수가 있습니다.

I can see your hard work.

일처리를 잘해 주셔서 감사드립니다.

Thank you for the good work.
I appreciate your good work.

스미스 씨가 김미숙 씨의 업무에 감사하고 있습니다.

Mr. Smith appreciates Misook Kim's work.

# 019.

## 끝인사는
# Let's keep in touch.

연락하면서 지내요.

**Let's keep in touch.**

사업상 이메일을 주고받을 때 늘 거래가 성사되는 것은 아닙니다. 그러나 빠르게 변화하는 비즈니스 환경에서는 과거에 지나쳤던 회사가 나중에 우리 회사의 파트너가 될 수도 있습니다. 그럴 경우를 대비해 마지막 인사에 여지를 두는 건 어떨까요?

Let's keep in touch.는 '연락하면서 지내요.'란 표현으로, keep in touch가 '연락하다'라는 뜻입니다. 그렇다고 자주 연락하자는 의미는 아닙니다.

▌메리와 데이브가 서로 연락하고 지내나요?

**Do Mary and Dave keep in touch with each other?**

▌메리는 데이브와 연락하고 지냈습니다.

**Mary kept in touch with Dave.**

'연락하다'란 의미의 또 다른 표현으로 get in touch(연락을 취하다),
follow up(후속 연락을 하다), touch base(다시 연락하다) 등도 흔히 쓰입니다.

 **바로 찾아 바로 쓰는 이메일 표현**

2주 정도 후에 다시 연락 드리겠습니다.

### I'll get in touch in a couple of weeks.

언제 또 연락드리면 좋을지요?

### When should I follow up with you?

▶ 상대방에게 지속적으로 연락을 해야 하는 경우

톰에게 연락을 하겠습니다.

### I'll touch base with Tom.

3주 뒤에 연락을 하면 어떨까요?

### Why don't we touch base in 3 weeks?

# 020.

## 여지를 남기는 마무리
## if things change ~ (상황이 바뀌면)

상황이 바뀌면 다시 논의합시다.

**If things change, let's resume our conversation.**

비즈니스에서는 영원한 적도, 영원한 동지도 없습니다. 상황은 늘 변하고 지금의 경쟁사가 내일의 파트너가 될 수도 있는 것이 현실이죠. 따라서 지금은 서로 맞지 않지만 '상황이 바뀌면 다시 논의합시다'라는 것도 좋은 마무리 인사말이 될 수 있습니다. 이때 if things change(상황이 바뀌면)라는 표현을 쓸 수 있습니다. things는 여기서 '상황'이라는 뜻으로 쓰였습니다. resume은 '다시 시작하다'란 뜻으로, 중간에 쉬는 기간이 있었음을 의미합니다. 비행기 안에서 영화를 보다가 잠시 화장실을 다녀온 후, 다시 보고자 할 때 RESUME 버튼을 누릅니다.

▋ 그 경찰차 시리즈를 출시하신 후 우리 대화를 다시 시작하면 어떨까요?

**Why don't we resume our conversation after you launch the police car series?**

**바로 찾아 바로 쓰는 이메일 표현**

상황이 바뀌면 제가 연락을 드리겠습니다.

**I'll contact you when things change.**

상황이 나아지면 제인이 연락을 할 것입니다.

**When things get better, Jane will contact you.**

제품 개발에 대한 우리의 논의를 다시 시작하고 싶습니다.

**I'd like to resume our discussion about product development.**

Chapter

**2**

# 한국인이
# 자주 실수하는
# 이메일의 문법

# 04

## 비즈니스 영작의
## 기본 문법

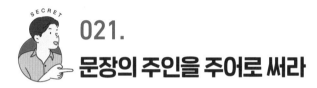

# 021.
# 문장의 주인을 주어로 써라

> 귀하의 이메일로 사용자 아이디와 패스워드가 갈 겁니다.
> **A user ID and a password will be sent to your email account.**

영작문 수업에서 '가급적 수동태를 쓰지 말라'는 말을 들어 보았을 겁니다. 영어가 수동태를 좋아하지 않는 것은 사실이죠. 그러나 그것보다 중요한 사실은 문장의 내용상 주인 노릇을 하는 대상을 주어로 두어야 한다는 것입니다. 위의 예문에서 가장 중요한 것은 '사용자 아이디와 패스워드'이므로, 이것을 문장의 주어로 끄집어내야 합니다. 그러다 보니 동사는 수동태 형식(be sent)을 띠게 된 것이죠.

When will the user manual be finished?(사용자 매뉴얼은 언제 완성됩니까?)라는 문장에서 수동태를 피하겠다고 When will you finish the user manual?(당신은 사용자 매뉴얼을 언제 완성할 겁니까?)로 바꾸면, 두 번째 문장의 주인은 '사용자 매뉴얼'이 아니라 '당신'이 됩니다. 다른 사람이 아닌 바로 당신이 언제 사용자 매뉴얼을 끝마치는가를 묻는 것이죠. 수동태니 능동태니 하는 규칙을 기계적으로 쓰지 말고, 영어도 말이므로 문장에서 주인 노릇을 하는 대상을 주어로 선택한다는 것을 꼭 기억하세요.

▌이 문서는 반드시 기밀 유지가 돼야 합니다.

**This document must be kept confidential.**

▌기밀 유지 동의서에 반드시 서명하십시오.

**You have to sign the NDA.**

    ▶ NDA (non-disclosure agreement) 기밀 유지 동의서

 바로 찾아 바로 쓰는 이메일 표현

마이크는 기밀 유지 동의서에 서명했습니까?

Did Mike sign the NDA?

기밀 유지 동의서는 아직 서명 안 됐습니까?

Has the NDA been signed yet?

방문객은 휴대 전화를 이 방에 두셔야 합니다.

Visitors must leave their phones in this room.

카메라가 있는 휴대 전화는 공장 안으로 가지고 들어갈 수 없습니다.

No camera-equipped cell phones can be taken into the plant.

# 022.
## 가장 중요한 동작을 동사로 써라

아래 링크를 클릭하여 귀하의 이메일 주소를 등록해 주세요.

**Please register your email address by clicking on the link below.**

위의 예문에는 두 가지 동작이 들어 있습니다. 링크를 '클릭'하는 것과 이메일을 '등록'하는 것이죠. 이 중 중요한 동작은 이메일 '등록'입니다. 링크를 클릭하는 것은 이메일을 등록하기 위한 수단에 불과하죠. 이처럼 문장 안에 여러 동작이 들어 있으면 가장 중요한 동작을 그 문장의 동사로 씁니다. 문장을 기계에 비유하자면 동사는 문장의 핵심 엔진입니다. 가장 중요한 동작을 메인 동사로 써야만 뜻이 정확히 전달됩니다. 나머지 동작들은 by -ing(~함으로써) 등으로 처리하면 됩니다.

▍ 전화기를 진동으로 전환해 벨소리가 나지 않도록 유지해 주십시오.

**Please keep your phone silent by switching to vibration mode.**

# 바로 찾아 바로 쓰는 이메일 표현

페덱스에 연락해서 제품을 추적할 수 있습니다.

## You can track the product by contacting FedEx.

귀하는 일련 번호를 넣어 제품을 추적할 수 있습니다.

## You can track the product by including the serial number.

귀하는 안티바이러스 프로그램을 설치해서 스팸 메일을 차단할 수 있습니다.

## You can block spam by installing an anti-virus program.

귀하는 박람회의 경쟁사 부스를 방문해서 가격 정보를 알아낼 수 있습니다.

## You can find out our competitors' pricing information by visiting their booths at the trade show.

귀하는 센서를 달아 출입구를 통제해야 합니다.

## You should control the gate by installing sensors on it.

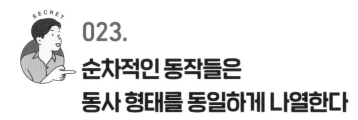

# 023.
# 순차적인 동작들은 동사 형태를 동일하게 나열한다

문을 열고, 볼트를 푼 후, 스핀들 모터를 회전시키세요.

**Open the door, unscrew the bolt, and rotate the spindle motor.**

이메일에서 문제에 대한 해결책을 알려 주면서 순차적으로 해야 하는 행동을 기술해야만 하는 경우가 있습니다. 문장이 길어지면서 자칫 순서가 틀릴 수도 있기 때문에, 이때는 동사 형태를 통일해 문장 형태를 간결하게 가져가야만 합니다. 여러 행동이 모두 연결된 중요한 동작이라면, 동사를 -ing 등으로 바꾸지 말고 그냥 나열하세요.

▎ 전시회에서 당신은 제품도 홍보하고, 경쟁사 정보도 얻고, 채널 파트너도 만나야 합니다.

**At a trade show, you should promote your products, find out about your competitors' business, and also meet with channel partners.**

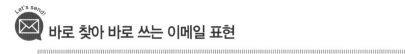

덮개를 열고, 배터리를 제거한 후, 제품을 흔드세요.

Open the cover, remove the battery, and shake the product.

반품 라벨을 출력해서, 원래 박스에 붙이고, UPS 사무실로 가져가세요.

Print out a return label, attach the return label to the
original box, and take the box to the UPS office.

고장 난 부품을 원래 박스에 넣은 후, 박스를 봉하고, 이 바코드를 박스에 붙여서, 저희에게
DHL로 보내세요.

1. Put the broken part in the original box.

2. Seal the box.

3. Attach the barcode to the box.

4. Return the box to us by DHL.

▶ 동작을 번호순으로 정리하면 이해하기 쉽습니다.

저희 웹사이트에서 반품 양식을 다운로드한 후, 작성해서 이메일로 보내세요.

Download the return form from our website, fill it out, and
email it to us.

제인은 제품을 디자인하고, 브로슈어도 만들고, 판매도 합니다.

Jane designs the product, creates the brochure, and also
sells the product.

# 반복되는 동사는 생략하여 문장을 단순화한다

> 가격표는 마이크에게, 샘플은 메리에게 요청해 주세요.
>
> **Please ask Mike for the price list and Mary for a sample.**

이메일은 간결함이 생명입니다. 문장을 간결하게 쓰기 위해서 반복되는 동사는 생략하세요.

　위 예문의 우리말에서도 '요청하다'라는 말을 반복해서 사용하지 않고 한 번은 생략했습니다. 영어에서도 마찬가지로 반복되는 동사 ask(요청하다)를 생략할 수 있습니다. 생략할 때는 문장에서 맨 앞에 나오는 동사가 아니라, 두 번째 동사부터 생략합니다. 이건 읽는 사람이 문장의 두 번째 동사를 보지 않고도 이해할 수 있다는 맥락에서 이해하시면 됩니다.

▎그 사람은 회사 로고는 파란색, 바탕은 노란색으로 칠하고자 합니다.

**He wants to paint the company logo blue and the background yellow.**

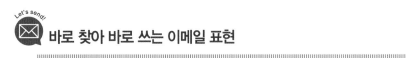

## 바로 찾아 바로 쓰는 이메일 표현

마이크는 섀넌에게는 답을, 메리에게는 샘플을 요청했습니다.

**Mike asked Shannon for an answer and Mary for a sample.**

톰은 필이 가격에 대해서 논의하고, 마이크가 그 고객을 만나길 바랍니다.

**Tom would like Phil to discuss pricing and Mike to meet with the client.**

마이크는 에이미에게는 상품권을, 로라에게는 책을 한 권 보냈습니다.

**Mike sent Amy a gift card and Laura a book.**

존은 중국산 샘플은 노란색 바구니에, 한국산 샘플은 초록색 바구니에 넣었습니다.

**John put the sample from China in a yellow basket and the sample from Korea in a green basket.**

글로리아는 톰에게 물건을 포장하고, 메리에게는 페덱스에 연락하라고 부탁했습니다.

**Gloria asked Tom to package the product and Mary to contact FedEx.**

# 025.
# 규정을 설명할 때는
# 단순현재시제를 쓴다

최소 구매액은 100달러입니다.

**The minimum purchase is $100.**

신용카드로 구매할 수 있는 최소 액수 등을 이메일로 안내하는 경우가 있습니다. 이처럼 규정을 설명할 때 동사는 단순현재시제를 씁니다. 단순현재시제 동사는 이 밖에도 회사의 정책을 밝힐 때, 반복되는 행위를 설명할 때, 또는 직업을 기술할 때 쓰기도 합니다. 예를 들어 '저는 자동차를 디자인합니다'라고 직업을 말하고 싶으면 I design cars. 라고 쓰면 됩니다.

❙ 전시회는 공식적으로 11월 27일 화요일 오전 9시 30분에 시작합니다. [규정]

**The exhibit officially opens at 9:30 a.m. on Tuesday, November 27.**

▌ 저희는 매년 패브테크(FabTech) 전시회에 참관합니다. [반복되는 행위]

**We attend FabTech every year.**

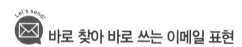

## 바로 찾아 바로 쓰는 이메일 표현

저는 장비를 개조하는 일을 합니다. [직업]

I refurbish machines.

▸ refurbish 새로 꾸미다, 개조하다, 새단장하다

저는 제품을 개발합니다. [직업]

I develop products.

저는 장비를 수선하고 가동합니다. [직업]

I maintain and operate the equipment.

첫 발표는 오전 11시에 있습니다. [규정]

The first announcement is made at 11 a.m.

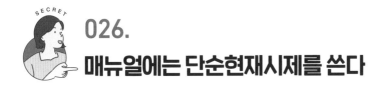

# 026.
# 매뉴얼에는 단순현재시제를 쓴다

> 작업자의 손이 펜스에 닿으면 장비는 정지합니다.
> **If the operator's hand touches the fence,
> the machine stops.**

위 문장은 장비 매뉴얼에 자주 등장하는 설명 문구입니다. 장비 제조사들이 수출용 매뉴얼을 만들 때, '이렇게 하면 이렇게 될 거다'라고 말하고자 if절 뒤에 will(~할 것이다)을 쓰거나, '이렇게 하면 이렇게 할 수 있다'라고 말하고자 can(~할 수 있다)을 쓰는 경우가 있습니다.

그러나 매뉴얼에는 단순현재시제를 쓰는 것이 맞습니다. 사용자가 지켜야 하는 규칙과 지시 사항을 넣은 문서이기 때문에 가장 빨리 읽히고 뜻이 명확히 전달되어야 하기 때문이죠. 조수 역할을 하는 조동사 will, can, may 등은 모두 빼 버리고, 한눈에 들어오는 단순현재시제 동사를 쓰세요.

▎모터가 멈춘 후 작업자는 열쇠로 문을 열어야 합니다.

**After the motor stops, the operator opens the door with a key.**

▎장비의 문이 열리면 모든 모터가 정지합니다.

**If the equipment door is opened, all the motors stop.**

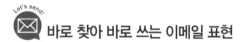 바로 찾아 바로 쓰는 이메일 표현

(저희 웹사이트의 소프트웨어) XYZ를 귀하의 PC에 설치합니다.

Install XYZ on your PC.

USB 케이블로 저희 제품과 귀하의 PC를 연결합니다.

Connect our product to your PC with a USB cable.

등록 창이 뜨면 제품의 일련 번호를 입력합니다.

When the registration window opens, enter the product's serial number.

모든 파라미터 변경 사항이 PC에 저장됩니다.

Any parameter changes are saved on the PC.

작업자는 초기 화면에서 언어를 선택합니다.

The operator selects a language on the Start screen.

# 05

## 은근히 헷갈리는
## 시제 및 조동사

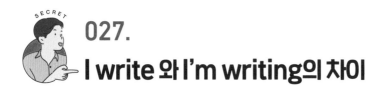

# 027.
# I write 와 I'm writing의 차이

우리 회사의 신제품 카미에 대해서 (이메일을) 씁니다.

**I'm writing about our new product, Kami.**

한국 사람 100명 중 98명이 틀리는 이메일 표현 중 하나! 예문의 우리말을 영어로 옮길 때, 흔히 단순현재시제 동사를 사용하여 I write about(나는 ~에 대해 쓴다)으로 표현합니다.

하지만 단순현재시제는 버스 시간표처럼 어떤 행위가 반복하여 발생하거나 규칙을 설명하는 경우 또는 직업을 말할 때 쓰입니다. (Secret 025 참조) 따라서 위 예문을 I'm writing about이 아니라 I write about이라고 쓸 경우 마치 제품 소개서를 쓰는 것이 글쓴이의 업무라는 의미로 들리게 됩니다. 그러니 I'm writing about이라고 해야 맞는 표현이 됩니다. 지금은 내가 이메일을 쓰고 있지만 이 시간이 지나면 그 행동을 안 할 수도 있겠죠?

그럼 I love you.가 맞나요, 아니면 I'm loving you.가 맞나요? 둘 다 맞습니다. I love you.는 '나는 너를 사랑한다'이고 I'm loving you.

는 '나는 너를 사랑하고 있다'로 해석에 차이가 있습니다.

■ ABC 모델에 대해 저희가 관심이 있어서 귀하께 연락드립니다. [현재의 행위]

**I'm reaching out to you to discuss our interest in the ABC model.**

■ 저는 한국에 갈 때 늘 대한항공을 탑니다. [습관적인 행위]

**I always take Korean Air when I go to Korea.**

## 바로 찾아 바로 쓰는 이메일 표현

좋은 소식을 알려 드리고자 (이 이메일을) 씁니다.

**I'm writing to share some good news.**

저는 (지금) 미국 출장을 계획 중입니다.

**I'm planning my trip to the States.**

저희 회사 보증 기간은 1년입니다.

**Our warranty is for 1 year.**

▶ warranty 품질 보증(서)

저는 ABC 제품 디자인과 개발을 하고 있습니다. [직업]

**I design and develop ABC products.**

저는 장비의 유지 보수와 운영을 맡고 있습니다. [직업]

**I maintain and operate the equipment.**

# 028.
# 과거의 일이 지금도 연결되면
# 현재완료시제

우리의 미팅 이후, 저희 영업팀은 몇몇 고객들과 만났습니다.

**Since our meeting, our sales team has met with a few clients.**

위 예문을 읽는 사람은 문장 다음에 이어질 내용으로 고객들과 만났던 일의 결과를 기대할 것입니다. 왜냐하면 현재완료시제(have+p.p.)가 쓰였기 때문이죠. 현재완료시제는 과거에 시작한 일이 지금 결과를 낳거나 과거와 연결되어서 시간적으로 지속성을 가질 때 씁니다. 그래서 비즈니스 이메일에서 프로젝트에 대한 보고를 할 때 많이 쓰입니다.

'어떤 문제가 발생했는데, 지금 그것은 다 고쳐졌다'라고 쓰고 싶으면 현재완료시제를 쓰면 완벽합니다. 단, 현재완료시제를 동사로 쓰면 yesterday(어제), last year(작년), 2 weeks ago(2주 전에)처럼 특정한 과거 시간을 의미하는 단어는 함께 쓸 수 없다는 것을 꼭 기억하세요.

반면 단순과거시제는 과거에 시작해서 과거에 끝난 것으로, 시간의 연속성이 없는 단순한 사건을 말할 때 씁니다. It rained yesterday. It's sunny today.(어제는 비가 내렸다. 오늘은 해가 난다.)라는 두 문장처럼 서로 연속성이 없는 경우에 씁니다.

▌ 지멘스 모터의 문제들이 이제 모두 고쳐졌습니다.

**The Siemens motor problems have all been fixed.**

▌ 3개월 전에 부품을 주문했는데 아직도 도착하지 않았습니다.

**The part was ordered 3 months ago but hasn't arrived yet.**

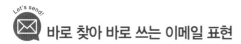

## 바로 찾아 바로 쓰는 이메일 표현

저희는 어제 귀하에게 샘플을 보냈습니다.

We sent you the sample yesterday.

저는 오늘 아침에 샘플을 받았습니다.

I received the sample this morning.

저는 샘플을 테스트한 후, 다음과 같은 문제를 발견했습니다.

I found the following problem after testing the sample.

저희는 귀하가 보낸 문제들을 검토했고 다음과 같은 사항을 권유해 드립니다.

We've reviewed your problems and suggest the following.

저는 귀하의 권유에 따라 문제를 해결했습니다.

I've solved the problem by following your suggestion.

# 029.
## 약속을 할 때는 will을 써라

> 저희는 가능한 한 빨리 최선을 다할 것입니다.
>
> **We'll do our best as quickly as possible.**

고객에게 불량품을 보낸 경우, 고객의 실망을 최소화하기 위해 위의 예문과 같은 말로 약속할 수 있습니다. 이럴 때는 말하는 사람의 의지를 담고 있는 조동사 will을 쓰는 것이 적격입니다. will에는 의지가 담겨 있기 때문에, 이것은 고객에게 약속을 하는 것과 마찬가지이죠.

반면, be going to는 '~할 계획이다'란 뜻으로 의미가 조금 틀립니다. 여러 문법책에서 두 표현 모두 미래를 나타낸다고 소개하지만, 의도하는 바는 조금 다릅니다. be going to가 '앞으로의 계획'을 말하는 것이라면, will에는 말하는 사람의 '하겠다'라는 '의지'가 담겨 있습니다. 따라서 위의 예문에 will 대신 be going to가 들어가면 '저희가 가능한 한 빨리 최선을 다할 계획입니다'라는 뜻이 됩니다. 다음 예문들을 통해서 뜻 차이를 비교해 보시죠.

▍본 문제를 곧 검토하겠습니다.

**We'll look into this matter soon.**

▍본 문제를 곧 검토할 계획입니다.

**We are going to look into this matter soon.**

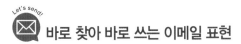 **바로 찾아 바로 쓰는 이메일 표현**

저희는 3월에 신모델을 출시할 것입니다.

We'll release our new model in March.

저희는 3월에 신제품을 출시할 계획입니다.

We're going to launch the new product in March.

경쟁사는 3월에 신제품을 출시할 계획입니다.

Our competitor is going to release a new product in March.

메리가 4월에 귀사를 방문할 계획입니다.

Mary is going to visit your company in April.

저희는 귀사 제품을 홍보하기 위해서 최선을 다할 것입니다.

We'll do our best to promote your product.

# 030.
# will은 확신에 찬 의견,
# would는 가정·조건·권유적 의견

저라면 두 번째 제안서를 기다려 보겠습니다.

**I would wait for a second proposal.**

저는 두 번째 제안서를 기다리겠습니다.

**I'll wait for a second proposal.**

▶ 화자는 두 번째 제안서가 올 것이라는 확신이 있음

'~하겠다'라는 표현을 할 때 조동사 will과 would 중 무엇을 써야 할지 잘 모르겠다면, 그때는 would를 쓰는 게 80%는 맞다고 할 수 있습니다. 비즈니스 이메일에서 약속을 하는 경우보다는 '이런 경우에는 이렇게 하겠다'라고 가정 혹은 조건문 형식으로 의견을 제시하는 경우가 훨씬 많기 때문이죠. will은 말하는 사람의 '하겠다'라는 강한 의지를 나타내고, would는 권유하거나 가정·조건적인 대답을 할 때 씁니다.

원하시면 제가 미팅에 가겠습니다.

**I would go to the meeting if you want me to.**

▎표를 10매 이상 구매하면, 제가 가격을 5% 깎아 드리겠습니다.

**If you buy 10 or more tickets, I'll give you a 5% discount.**

▸ 말하는 사람의 약속

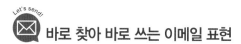

## 바로 찾아 바로 쓰는 이메일 표현

귀하가 100개 이상 구매하시면, 저희가 운송료를 지불하겠습니다.

When you buy 100 or more, we'll pay for the shipping fees.

▸ 화자의 확실한 약속

귀하가 시제품 비용을 낸다면, 저희가 3% 할인해 드릴 것입니다.

If you pay for prototype costs, we'll give you a 3% discount.

▸ 화자의 확실한 약속

(오시면,) 제가 공항에서 귀하를 모시러 가겠습니다.

(When you come,) I'll pick you up at the airport.

제가 귀하라면 그분의 제안을 받아들이지 않겠습니다.

I wouldn't take his offer if I were you.

그 사람들이 가격에 민감하다면 저라면 중고품을 제안하겠습니다.

I would suggest used ones if they're price sensitive.

# 031.
## 미래의 확정된 계획에는
## will be -ing(미래진행시제)를 쓴다

다음 달부터 차순이 씨를 대신하여 김미성 씨가 업무를 수행하게 될 것입니다.

**Starting next month, Misung Kim will be taking over Sooni Cha's position.**

우리에게 익숙하지 않은 시제 중 하나가 미래진행시제입니다. 미래에 일어날 일이지만 확정된 일에 대해서는 'will be+동사-ing'의 미래진행시제를 씁니다.

'will+동사'의 단순미래시제와 'will be+동사-ing'의 미래진행시제를 써야 할 상황을 구분하는 방법은 간단합니다. 문장 안에 특정 시간이 들어 있거나, 확정된 계획이라면 'will be+동사-ing'를 쓰는 것이 맞습니다. 그래도 헷갈린다면 비즈니스 이메일에서는 아마도 확정된 미래 계획을 얘기하는 경우가 대부분일 것이므로 미래진행시제를 쓰세요. take over는 '~의 업무를 인수인계하다'라는 뜻입니다.

❙ 마크랑 제가 다음 주 수요일 동부 시간으로 오후 3시에 전화를 드리겠습니다.

**Mark and I will be calling you next Wednesday at 3 p.m. EST.**

▶ EST [미] 동부 표준시(= Eastern Standard Time)

**내일 오전 11시에 뭐하세요?**

**What will you be doing at 11 a.m. tomorrow?**

 **바로 찾아 바로 쓰는 이메일 표현**

한국 시간으로 내일 오전 7시에 귀하의 전화 회의를 기다리겠습니다.

We will be waiting for your conference call at 7 a.m.
tomorrow, Korea time.

저는 5월 3일에 워싱턴에 있는 저희 고객을 방문할 것입니다.

I'll be visiting our client in Washington on May 3.

ABC 사는 내년에 저희를 방문할 것입니다.

ABC will visit us next year.

제가 미국에 도착한 후, 전화를 드리겠습니다.

After I arrive in the U.S., I'll call you.

# 032.
# I가 아닌 It을 주어로 쓸 때
# will과 be going to의 차이

비가 올 듯합니다.    [자신의 생각]

**It'll rain.**

비가 올 것입니다.    [확실한 사실]

**It's going to rain.**

will(~할 것이다)은 의지가 담겨 있어서 약속을 할 때 쓴다고 앞에서 (Secret 029) 설명했습니다. 이건 주어가 I일 때의 설명입니다. 주어가 I가 아닌 it, he, she 혹은 you일 경우 will을 쓰면 약속이 아닌 '자신의 생각'을, be going to를 쓰면 '확실한 사실'을 나타냅니다.

가령 말하는 사람이 It'll rain.이라고 하면 그냥 하늘을 보고 비가 올 것 같아서 하는 얘기(자신의 생각)이고, It's going to rain.이라고 하면 기상청의 일기 예보를 보고 확신에 차서 하는 말(확실한 사실)입니다.

will을 쓸 때와 be going to를 쓸 때가 헷갈리면, 문장 안에 구체적인 시간이나 날짜 등을 써서 앞으로의 계획을 말하는 내용에는 be going to를 쓴다고 기억하세요.

▍ 저는 마이크가 존에게 전화해서 미팅을 잡을 것이라고 생각합니다. [의견]

**(I think) Mike will call John to set up a meeting.**

▍ 마이크가 내일 존에게 전화해서 미팅을 잡을 계획입니다. [확정]

**Mike is going to call John tomorrow to set up a meeting.**

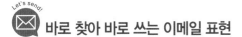 **바로 찾아 바로 쓰는 이메일 표현**

메리는 노트북이 필요할 것입니다. [의견]

Mary will need a laptop.

메리가 브로슈어와 명함을 인쇄할 거라고 생각합니다. [의견]

Mary will print brochures and business cards.

마크가 내일 그 콘퍼런스에 등록할 계획입니다. [확정]

Mark is going to register for the conference tomorrow.

저희는 1월 9일에 그 장비를 시험할 계획입니다. [확정]

We're going to test the machine on January 9.

# 06

## 비즈니스 이메일을 위해
## 다시 배우는 영작

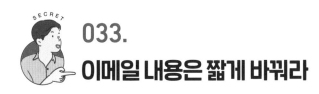

# 033.
## 이메일 내용은 짧게 바꿔라

오늘 미팅을 취소하고 다음 주로 미팅 스케줄을 다시 잡을 수 있을까요?

**Can we cancel today's meeting and schedule it again next week?**

→ 오늘 미팅을 다음 주로 미룰 수 있을까요?

**Can we postpone today's meeting until next week?**
▶ 미팅을 미룬다는 것에 오늘 미팅을 취소하려는 의미가 포함됨

우리말을 영어로 어떻게 영작할지 고민하기 전에, 지금 내가 쓰려는 내용이 꼭 하고 싶은 말만 담고 있는지 확인해 보세요. 여러 문장을 하나의 문장으로 압축할 수 있도록 우리말 내용을 살짝 바꾸는 것만으로도 영어 이메일이 훨씬 쉽고 의미가 선명하게 전달됩니다.

❙ 보내 주신 제품 정보는 감사합니다만, 귀사의 제품이 KS 인증을 받지 않은 상태에서는 저희 구매부에서 검토 대상이 되지 않습니다.

→ 제품 정보는 감사합니다만, 저희 구매부는 KS 인증을 받은 제품만 검토합니다.

**Thank you for your product information; our Purchasing Department only considers products with KS certification.**

▍제품 정보는 감사합니다만, 귀사 제품은 KS 마크가 없어서 검토 대상이 되지 않습니다.

→ 제품 정보는 감사합니다만, 귀사의 제품은 KS 인증 요건에 맞지 않습니다.

**Thank you for your product information, but your product doesn't meet KS certification requirements.**

아니면 아래와 같이 정말 핵심만 표현해도 됩니다.

▍KS 마크를 받은 후, 다시 연락해 주십시오.

**Please contact us again after your product gets KS certified.**

 바로 찾아 바로 쓰는 이메일 표현

컴퓨터 바이러스 감염이 우려되므로 첨부 파일 내용이 무엇인지 알려 주시기 바랍니다.

Please tell me what the attachment file contains because I'm afraid of getting a computer virus.

→ 첨부 파일의 내용을 알려 주시기 바랍니다

Please tell me about the attachment.

본 이메일은 중요한 일정이 포함되어 있으니 꼭 읽어 보세요.

Please make sure you read this email because it contains important dates and time.

→ 본 이메일은 중요한 일정이 포함되어 있습니다.

This email contains important dates and time.

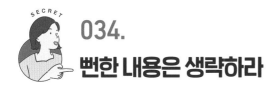

## 034.
# 뻔한 내용은 생략하라

> 귀사의 카탈로그에 실린 3-A 모델을 구매하고 싶어서 이메일 드립니다.
> → 귀사의 카탈로그에 실린 3-A 모델을 구매하고 싶습니다.
>
> **I'm interested in purchasing Model 3-A in your catalog.**

우리나라 사람이 쓴 영문 이메일을 보면 습관처럼 붙는 군더더기 내용들이 있습니다. 그 대표적인 예가 이메일 서두에 흔히 덧붙이는 I'm sending this email to you because ~(~해서 이메일을 드립니다)입니다. 하지만 '이메일을 보냅니다'라는 말은 빼도 뜻이 전달되죠?

이것은 영어와는 별개로 우리말을 말 그대로 번역했기 때문에 나오는 부분인데, 이보다는 그냥 '구매하고 싶다'라고 하는 것이 훨씬 더 영어적인 표현입니다. 제품의 구매 의사를 표현하는 I'm interested in purchasing/buying ~(~의 구매에 관심이 있다) 구문은 비즈니스 이메일에서 널리 쓰이는 표현이니 잘 기억해 두세요.

**❙ I'm sending this email to you because I'm interested in purchasing Model 3-A in your catalog.** [비추천]

▶ I'm sending this e-mail to you because는 빼고 용건을 쓰세요.

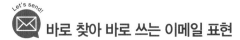 바로 찾아 바로 쓰는 이메일 표현

제가 궁금한 것은 샘플이 언제 오는가입니다.
→ 언제 샘플이 오나요?

**When will the sample arrive?**

제 생각에는 샘플 A가 샘플 B보다 더 낫습니다.
→ 샘플 A가 샘플 B보다 더 낫습니다.

**Sample A is better than Sample B.**

제 생각에 그 인증을 받으려면 1년도 더 걸립니다.
→ 그 인증을 받으려면 1년도 더 걸립니다.

**It will take more than one year to get the certificate.**

그 인증 비용 때문에 장비 가격이 얼마나 오를지 저희가 계산해 봐야 합니다.
→ 저희는 그 인증 비용을 포함해서 장비 가격을 계산해 봐야 합니다.

**We need to calculate the machine's price, including the certification.**

제가 이메일을 드리는 이유는 귀사의 샘플을 받고 싶어서입니다.
→ 귀사의 샘플을 받고 싶습니다.

**I'm interested in receiving your samples.**
**I'd like to receive your samples.**

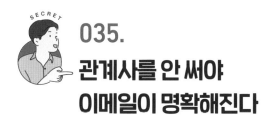

## 035.
## 관계사를 안 써야
## 이메일이 명확해진다

우리가 논의했던 A사의 기술 라이선스에 대해, 이번에도 계속 의논하고 싶습니다.

**We discussed licensing company A's technology; I'd like to continue the discussion this time.**

우리나라 사람들은 흔히 관계사를 많이 쓰면 문장이 세련되어진다고 오해를 많이 합니다. 하지만 오히려 우리가 만든 영어 문장이 콩글리시가 되는 이유 중 하나는 관계사를 많이 쓰기 때문입니다.

위 예문을 우리말로 다시 쓰면, '지난번 논의했던 A사의 기술을 허가하는 것에 대해서 이번 미팅에서 논의하고 싶습니다'인데, 이것을 영어로 써보라고 하면 대부분 아래와 같이 영작합니다.

**I'd like to discuss licensing company A's technology which we discussed the last time.**

그러나 영어 이메일에서 관계사를 많이 쓰면 문장이 길어지고 선명도가 떨어집니다. 차라리 관계사 대신에 콤마(,), 세미콜론(;) 혹은 and(그리고), but(그러나) 등을 활용하세요. 이메일에서는 간결하고 명확한 문장이 최고입니다. (세미콜론의 활용은 Secret 038 참조)

▌ 가수 '파도'가 가장 즐겨 쓰는 세라 향수를 소개합니다.

**I'd like to introduce the perfume Sera, a favorite of the singer Pado.** [추천]

**I'd like to introduce the perfume Sera which is a favorite of the singer Pado.** [비추천]

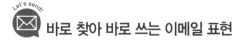
## 바로 찾아 바로 쓰는 이메일 표현

저희는 아래 존의 이메일에 동의합니다.

**We agree to John's email below.** [추천]

아래 이메일에서 존이 말한 의견에 저희도 동의합니다.

**We agree to John's opinion which he wrote in the email below.** [비추천]

온라인으로 주문을 하려 했지만, 귀사 웹사이트가 되지 않아 이메일을 합니다.

**I'm writing to order a product because your website doesn't work.** [추천]

**I was going to order online from your website, which was not working, so I'm emailing you.** [비추천]

# 036.
## 수동태는 수동적으로 조금만 써라

사용 중인 장비를 볼 수 있을까요?

**Can I see your equipment in use?**

위 우리말을 영작할 때 흔히 Can I see your equipment being used? 라고 씁니다. 그런데 제가 being used가 아닌 in use를 쓴 이유는 영어권은 수동태를 선호하지 않기 때문입니다. 수동태를 선호하지 않는 이유는 수동태가 'be+과거완료' 형태로 길기 때문입니다. 가능한 한 짧은 능동태를 쓰십시오.

Secret 021에서 설명한 바와 같이, 수동태를 꼭 써야 하는 경우도 있습니다. 예를 들어 '공장 안에서는 반드시 안전모를 착용해야 합니다'라는 말을 영어로 옮길 때, 이 문장의 주인이 되는 가장 중요한 단어는 '안전모'입니다. 그 '안전모'를 맨 앞으로 가져오면 A safety helmet must be worn inside the plant.가 됩니다. 그런데 이 문장을 능동태를 선호한다고 하여 You must wear a safety helmet inside the plant.라고 하면 주인이 되는 단어는 you가 되어 버리죠.

영어 문법 시간에 배운 '수동태와 능동태는 서로 바꿔서 써도 뜻이 같다'는 말은 틀린 말입니다. 앞서 설명했듯이, 문장에서 주인이 바뀌므로 수동태를 능동태로 바꾸면 논점이 달라집니다.

　드물지만 영어 이메일에서 수동태를 써야 하는 경우는 대개 규칙을 설명할 때입니다. 상세한 예는 Secret 021을 참조하세요.

▎그 비서는 곰상사에서 보낸 샘플에 표시를 했다.

**The secretary marked the sample sent by the Gom Trading Company.**

▎곰상사에서 보낸 샘플에는 X표를 꼭 하세요.

**The sample from the Gom Trading Company has to be marked X.**

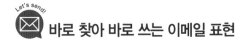

## 바로 찾아 바로 쓰는 이메일 표현

저희가 귀사의 제안서를 검토하고 연락드릴 것입니다.

We'll review your proposal and contact you. [능동태]

귀사의 제안서는 저희 경영진이 검토할 것입니다.

Your proposal will be reviewed by our management. [수동태]

A사는 3월에 신제품 출시를 발표했습니다.

A announced its new product release in March. [능동태]

A사의 신제품 출시에 대한 발표가 3월에 있었습니다.

**A's new product release was announced in March.** [수동태]

B사가 A사를 인수할 계획입니다.

**B is going to acquire A.** [능동태]

A사는 B사에 합병될 것입니다.

**A is going to be acquired by B.** [수동태]

살로니 씨는 곰상사와 Z사에서 보낸 샘플을 비교했습니다.

**Saloni compared the samples from the Gom Trading Company and the Z Company.**

살로니 씨의 샘플 비교표는 제 상사께 꼭 보내야 합니다.

**Saloni's sample comparison table has to be sent to my boss.** [수동태]

# 037.
# what kind of 대신
# which 혹은 what

귀사의 게임은 어떤 운영 시스템에서 구동됩니까?

**Which operating system does your game use?**

우리는 '어떤 종류'는 what kind of라고 한다고 배웠지만 영어에서는 그냥 which 혹은 what을 쓰는 경우가 많습니다. 물론 what kind of 를 써도 뜻이 같고, 문법적으로도 맞습니다. 하지만 길게 what kind of를 붙이기보다는 간단한 which을 선호하죠. which와 what의 뜻 차이를 굳이 비교하자면, which는 여러 개 중에 어떤 것인지 물을 때 쓰고 what은 무엇이냐고 물을 때 씁니다. 그러나 두 개를 비교해서 쓰 라는 것이 핵심이 아니고 kind of를 넣어 길게 쓰기보다는 한 단어로 쓰라는 것이 핵심입니다.

위 예문에서 동사는 use 대신 require(필요로 하다)를 써도 좋습니다. 또는 run on을 써서 What operating system does your game run on?이라고 물어도 무방하고요.

**▌** 어떤 종류의 PLC를 선호하세요?

**Which PLC do you prefer?**

▸ PLC 전력선 통신 (= power line communication)

한편 kind of는 말하는 사람이 뜻을 희석시키고 싶을 때 부사로 쓰기도 합니다.

**▌** 디자인을 바꾸기에는 약간 늦었습니다.

**It's kind of late to change the design.**

 **바로 찾아 바로 쓰는 이메일 표현**

어떤 사양을 요구합니까?

**Which specifications do you require?**
**What are your specifications?**

어떤 종류의 색깔이 있습니까?

**What colors are available?**

어떤 언어를 지원합니까?

**What languages do you support?**

마이크 씨는 채식을 좋아합니다. 일종의 채식주의자이긴 하지만 계란은 먹습니다.

**Mike likes vegetarian food. He is kind of a vegetarian but eats eggs.**

저도 약간 채식주의자이긴 합니다만 치즈는 먹습니다.

**I'm also kind of a vegetarian but eat cheese.**

# 038.
# 콜론(:)과 세미콜론(;)을 활용하라

> 저희는 비자, 아멕스, 마스터카드만 받습니다.
>
> **We only accept the following credit cards: Visa, AMEX, and MasterCard.**

이메일의 생명은 brevity(간결함)입니다. 위 예문은 지급 방법을 일괄적으로 묶어 콜론(:) 뒤로 나열하여 간결하게 처리하였습니다. 콜론(:)은 목록을 늘어놓을 때, 또는 부연 설명, 예시, 인용문 등을 표시하기 위해 사용하는 문장 부호입니다. 나열할 때 쓰이는 쉼표(,)의 쓰임새도 눈여겨봅시다. 쉼표를 사용하여 계속 나열하다가 맨 마지막 단어 앞에만 and를 씁니다.

▌ (본 이메일에) 가격표, 브로슈어, 제품 이미지를 보냅니다.

**I'm sending you the following: the price list, the brochure, and the product image.**

▌ 귀사의 PLC 제조사명, 납기일, 가격을 한국의 FOB 기준으로 알려 주십시오.

**Please provide your PLC maker name, lead time, and a**

**price on FOB Korea terms.**

▶ FOB 본선인도 (= free on board)

문장 부호 중에서 우리에게 익숙하지 않은 것 하나가 세미콜론(;) 입니다. 세미콜론은 두 개의 문장이 서로 밀접한 관계를 갖고 있을 때 쓰죠. 쉽게 말해 but(그러나), while(~인 데 반하여), however(그러나) 대신 세미콜론을 써서 앞뒤 문장을 나열하면 됩니다.

저희가 세 번의 내부 시험을 하고, 외부 연구소에도 같은 시험을 의뢰하여 첨부 파일에는 2개의 시험 결과를 비교했습니다.

**We tested it internally three times; we hired a third party lab to conduct the same test; we compared the two test results in the attachment.**

 바로 찾아 바로 쓰는 이메일 표현

은행 발행 수표, 개인 보증수표, 우편환과 같은 지급 방식을 이용할 수 있습니다.

The following payment methods are available: bank draft, certified personal check, and money order.

마이크는 지급 조건을 60일 후 결제로 제시한 반면, 루크는 30일 후 결제로 제시했습니다.

For the payment terms, Mike offered net 60 days; Luke offered net 30 days.

# 039.
# 강제적 느낌의 have to 대신 allow나 give를 써라

저희 데이터베이스를 이용하려면 웹사이트에 등록해야 합니다.

**Registration on our website gives you access to our database.**

위 예문의 우리말을 그대로 영어로 옮겨서 You have to register on our website in order to use our database.라고 하는 것은 문법적으로는 문제 없지만 비즈니스 영어에서는 어색합니다. 웹사이트 등록을 권장하는 입장에서 강제성이 있는 have to(~해야 한다)를 썼기 때문이죠. have to는 '강제'의 느낌이 강해서 비즈니스 영어에서는 잘 쓰지 않습니다.

　상대방에게 강제적 표현을 쓰기보다는 A allows you B(A하면 B하는 것이 허용된다)를 써서 표현하거나 A gives you B(A하면 B를 준다)라고 쓰는 것이 효과적입니다. 비즈니스에서 have to는 주로 규칙이나 규정을 설명할 때만 사용합니다.

공장 방문자는 반드시 안전모를 착용하셔야만 합니다.

**Visitors have to wear a safety helmet inside the plant.**

▶ 규정이므로 강제성이 있는 have to를 씁니다.

## 바로 찾아 바로 쓰는 이메일 표현

저희 로고를 사용하려면 저희의 서면 허가를 받지 않으면 안 됩니다.

Using our logo is not allowed without our written permission.

회사 정책상 저희는 30달러가 넘는 선물은 받을 수 없습니다.

Company policy doesn't allow us to accept gifts worth over $30.

귀사는 현지에 애프터서비스 지원이 있어야만 저희 공급업체 자격이 됩니다.

Your company has to have local aftersales support in order to meet our supplier's requirement.

▶ 강제성을 나타내는 경우

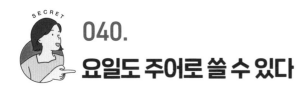

# 040.
## 요일도 주어로 쓸 수 있다

화요일은 어떠세요?

**Will Tuesday work for you?**

영어 실력이 꽤 있는 분들도 요일이나 건물 등 무생물을 주어로 쓰기를 몹시 꺼리는 모습을 흔히 봅니다. 왠지 틀린 듯한 기분이 들기 때문이죠. 하지만 영어에서는 무생물을 주어로 쓰는 경우가 아주 흔합니다.

예를 들어 '탁자 한가운데에 자국이 있습니다'라는 문장을 table(탁자)을 주어로 쓰지 않으려고 There's a stain in the middle of the table.이라고 표현합니다. 틀린 표현은 아니지만 탁자를 주어로 써서 The table has a stain in the middle.이라고 하는 것이 더 자연스럽습니다.

work for는 '(스케줄 등이) ~에 맞다, ~에 좋다'란 뜻으로 미팅 약속 등을 잡을 때 유용한 표현입니다. work for는 원래 '~을 위해서 일하다', '~을 위해서 작동하다'라는 뜻이어서, Tom works for Mary.(톰은 메리를 위해서 일한다.)라고 하면 '톰이 메리의 부하 직원'임을 의미합니다.

▎제 노트북 가방은 손잡이가 달려 있습니다.

**My laptop bag has a handle.**

▎이 작업자 매뉴얼은 폴란드 작업자에게 맞지 않습니다.

**This operator's manual won't work for the Polish operator.**

▸ won't는 will not의 줄임말

 바로 찾아 바로 쓰는 이메일 표현

이 스케줄은 제게 맞습니다.

This schedule works for me.

분홍색이면 될까요?

Will pink work for you?

저는 이번 금요일이 좋습니다.

This Friday works for me.

그 방은 전망이 좋습니다.

The room has a good view.

전기판 안에 냉각팬이 설치되어 있어야 합니다.

The electric panel has to have a cooling fan inside it.

# 3

# 이메일에서
# 가장 중요한
# 가격/제안/협상 표현

# 07

## 가격 문의에 자주 등장하는 영어 표현

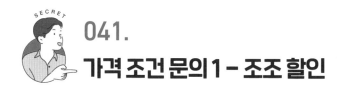

# 041.
# 가격 조건 문의 1 – 조조 할인

일찍 구매하면 할인이 됩니까?

**Do you have an early bird special?**

가격을 물어볼 때 여러 가지 조건을 함께 묻고 싶은 경우가 있습니다. 예문은 일찍 구매하면 할인을 해 주는지 알고 싶을 때 쓰는 표현입니다. special은 여기서 명사로 '특별가, 특별 할인가'의 의미로 쓰였습니다.

early bird(일찍 일어나는 새)는 우리말의 '조조' 할인과 유사한데, 꼭 아침에 구매하는 경우에만 해당하는 것은 아니고 예를 들어, 전시회 부스를 구매할 때 일찍 구매하는 경우에도 early bird special을 쓸 수 있습니다. early bird rate도 같은 뜻입니다. rate는 '비율'이라는 의미 외에도 '요금'이라는 뜻으로 흔히 쓰입니다.

❙ 조기 구매 시 저희 10평방피트 부스 할인가는 3,600달러입니다.

**Our early bird special rate for a 10 ft. × 10 ft. booth is $3,600.**

참고로 **ft.**는 feet의 약자로, 미국 전시회 부스 등의 면적을 얘기할 때 흔히 쓰는 단위입니다. 10 feet는 약 3미터 정도 되는 크기이죠. 보통 말할 때는 10 ft.×10 ft.에서 ft.는 빼고, ten by ten이라고 읽습니다.

## 바로 찾아 바로 쓰는 이메일 표현

일찍 구매하면 할인이 됩니까?

**Do you offer an early bird special?**

할인율은 얼마입니까?

**What's your discount rate?**

저희는 귀사의 조기 할인 가격에 관심이 있습니다.

**We're interested in your early bird special rate.**

그 식당은 오전 10시까지 조조 할인을 합니다.

**The restaurant has an early bird special until 10 a.m.**

귀하가 제시한 가격은 귀사의 웹사이트에 명시된 조기 할인 가격과 다릅니다.

**Your price is different from the early bird special rate posted on your website.**

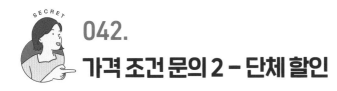

# 042.
# 가격 조건 문의 2 – 단체 할인

단체 할인 요금은 최소 10명에 적용됩니다.

**Discounted group rates apply to a minimum of 10 people.**

가격을 논의할 때 가장 중요한 것이 할인 조건이겠지요. discount(할인하다)와 group rate(단체 요금)를 함께 써서 discounted group rates라고 하면 '단체 할인 요금'입니다. rates라고 복수형을 쓴 이유는 group rates가 '어른은 얼마', '아이는 얼마', '청소년은 얼마' 등으로 단체 요금이 여러 가지이기 때문이죠.

apply to는 '~에 적용되다'라는 뜻이죠. minimum(최소의)과 maximum(최대의)은 가격 조건을 말할 때 유용한 단어입니다.

❙ 대량 구매 할인을 받으려면, 최소 몇 개를 구매해야 합니까?

**What's the minimum purchase for a volume discount?**

▶ a volume discount 대량 구매 할인

▌ 귀사의 최대 할인율은 얼마입니까?

**What's your maximum discount rate?**

    최소 10명은 '10명 이상'이라고 해도 마찬가지죠? '10명 이상'은 영어로 **10 or more people**이라고 합니다. '10명 이하'는 **10 or less people**이라고 하면 됩니다.

▌ 10개 이상을 주문하면 대량 구매 할인을 제공합니다.

**We offer a volume discount on orders of 10 or more.**

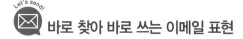

## 바로 찾아 바로 쓰는 이메일 표현

단체 요금은 최소 10명 이상에 적용됩니다.

**Group rates apply to a minimum of 10 people.**

그 방은 최대 10명을 수용할 수 있습니다.

**The room can accommodate a maximum of 10 people.**

300달러 이상 주문하면 대량 구매 할인을 받을 수 있습니다.

**Orders of $300 or more qualify for a volume discount.**

▶ qualify 자격이 되다

그 회사는 어떤 대량 구매 할인을 제공합니까?

**What volume discounts does the company offer?**

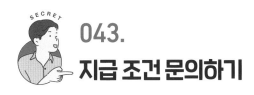

## 043.
# 지급 조건 문의하기

귀사의 지급 조건은 무엇입니까?

**What are your payment terms?**

선지급 후배송, 선배송 후지급, 분할 지급 등과 같은 지급 조건은 특정한 기준이 있는 것이 아니라 협상을 해서 정하는 경우가 대부분입니다. '지급 조건'은 영어로 payment terms라고 합니다. terms는 '조건'이라는 뜻인데, 복수형으로 쓰는 데 유의하세요. 그냥 term은 '용어', '기간'의 의미입니다.

지급 조건 중 '선지급'은 payment in advance, '분할 지급, 할부'는 payment in installment라고 합니다.

┃ 저희의 지급 조건은 100% 선지급입니다.

**We require 100% full payment in advance.**

▸ in advance 미리, 사전에

▌ 저희의 조건은 분할 지급입니다.

**Our terms are payment in installments.**

> ▸ installment 할부, 분할 불입

또 하나, 비즈니스 이메일에서 자주 등장하는 net 30 (days)나 net 60 (days)라는 표현은 청구서를 받은 날로부터 시작해서 30일 후 지급 혹은 60일 후 지급처럼 돈이 실제로 들어오기까지 걸리는 날짜를 의미합니다. 그래서 실제로 'net 며칠'을 정하는 것도 선배송 후지급, 분할 지급 등의 조건을 정하는 것만큼 중요합니다.

▌ 30일 후 지급이 저희의 결제 조건입니다.

**Our payment terms are net 30.**

> ▸ net 30 (days) 청구서를 받은 날로부터 30일 이후에 지급하는 것 (payment 30 days after invoice date)

▌ 30일 후 지급은 받아들일 수 없습니다.

**We can't accept net 30.**

 바로 찾아 바로 쓰는 이메일 표현

선지급으로 완납하면 5%를 할인해 드립니다.

We offer a 5% discount for full payment in advance.

분할 지급이 가능합니까?

Can we make payments in installments?

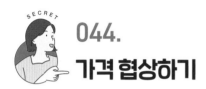

# 044.
# 가격 협상하기

이게 제가 드리는 최종 가격입니다.

**This is my firm price.**

가격 흥정은 국제 무역에서 빈번하게 발생합니다. 가격 협상 시 더 이상 협상이 안 되는 '최종 가격'을 말할 때는 firm price라고 합니다. firm 대신 final을 써도 좋습니다. list price는 가격표에 나온 '공시 가격'이라는 뜻이고, firm price는 더 이상 협상이 안 되는 가격을 가리킵니다. firm은 형용사로 쓰면 '단단한, 확고한'이라는 뜻이고, 명사로는 '회사'라는 의미가 있습니다.

▌ 귀사의 최종 가격은 얼마입니까?

**What's your firm price?**

▌ 저희는 방금 귀하에게 최종 가격을 제시했습니다.

**We've just offered you our final price.**

가격을 흥정할 때 '내가 최종 결정권자다.(I'm the decision maker.)' 라는 사실은 상대방에게 절대로 말하지 마세요. 흥정의 수단으로 '윗 사람의 결재를 맡아야 한다' 혹은 '나는 그렇게 하고 싶어도 사장이 반 대를 한다' 등을 피력해 흥정하는 상황을 자신에게 유리하도록 이끌어 갈 수 있습니다.

 ## 바로 찾아 바로 쓰는 이메일 표현

귀하가 더 낮은 가격을 찾으시면, 저희는 그 가격보다 10% 낮게 드리겠습니다.

**If you find a lower price, we'll beat it by 10%.**

저는 가격 흥정을 하고 싶지 않습니다. 그냥 귀사의 최종 가격을 알려 주세요.

**I don't enjoy negotiating prices; please just tell me your firm price.**

제가 최종 결정권자라면 좋겠습니다.

**I wish I was the final decision maker.**

▶ 문법적으로는 I wish I were ~가 맞지만, 실제 회화에서는 was를 훨씬 많이 씁니다.

마이크의 최종 가격은 변하지 않을 것입니다.

**Mike's firm price won't change.**

마이크는 최종 제안을 했고, 저희 사장님은 그것을 검토 중입니다.

**Mike has made some firm offers; our boss is considering them.**

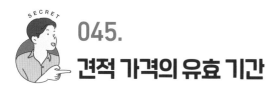

# 045.
# 견적 가격의 유효 기간

본 견적 가격은 오늘부터 30일간 유효합니다.

**The quotation price is good for 30 days from today.**

주문에서 제작 및 배송까지 몇 개월이 걸리는 경우 환율이나 원자재 가격 변동으로 원가가 달라질 수 있습니다. 따라서 견적서(quotation) 에 위 예문과 같은 표현을 써서 견적 가격의 유효 기간을 명시하면 가격 변동에 따른 손해를 최소화할 수 있습니다.

'A가 ~까지 유효하다'라는 표현은 영어로 'A is good/valid for+ 기간' 또는 'A is in effect for+기간'으로 쓸 수 있습니다. 여기서 good 은 valid(유효한)와 같은 의미로 쓰였습니다.

▌이 가격은 얼마나 유효합니까?

**How long will this price be in effect for?**

이런 유효(validity) 기간과 더불어 환차손에 따른 위험 부담을 최소화하는 방법은 몇 퍼센트 이상 환율 변동이 발생하면 그것은 양사가 반반 부담한다라는 조건을 견적에 넣는 것입니다.

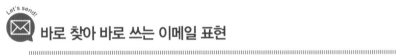

## 바로 찾아 바로 쓰는 이메일 표현

이 가격은 송장 발행일로부터 45일간 유효합니다.

**This price is in effect for 45 days from the invoice date.**

본 견적서는 5월 30일까지 유효합니다.

**The quotation is valid through May 30.**

그 견적서는 유효 기간이 지났습니다.

**The quotation has expired.**

**The quotation is not valid anymore.**

저의 제안은 한 달간 유효합니다.

**My offer stands for one month.**

▶ stand for도 '유효하다'란 의미로 쓸 수 있습니다.

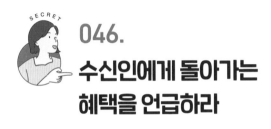

# 수신인에게 돌아가는 혜택을 언급하라

저는 ABC 사가 저희의 단체 요금으로 혜택을 볼 수 있는 좋은 기회라고 봅니다.

**I see a great opportunity for ABC to benefit from our group rates.**

영어 이메일이니까 문법적으로만 맞으면 된다고 생각하면 큰 착각이지요. 받는 사람은 문법의 오류를 보는 것이 아니라, 이메일에 자신이 관심 있는 내용이 있는지를 봅니다. 내가 판매하는 제품이 상대방에게 어떤 혜택을 주는지를 어필하면, 받는 사람의 반응을 이끌어내는 효과적인 이메일이 됩니다. 하지만 문법적으로 맞게 쓰여진 이메일은 쉽게 읽히고 내용이 잘 전달되므로, 문법 오류가 없는 것도 중요합니다.

a great opportunity는 '좋은 기회'라는 뜻으로, 'I see a great opportunity (for A) to + 동사' 하면 '나는 (A가) ~할 수 있는 좋은 기회라고 본다'라는 의미로 쓰이는 표현입니다.

▌저는 귀하의 호텔이 저희의 판촉 행사로 혜택을 볼 수 있는 좋은 기회라고 봅니다.

**I see a great opportunity** for your hotel to benefit from our promotion.

▌마이크는 그 광고로 혜택을 받을 수 있는 좋은 기회라고 보았습니다.

**Mike** saw a great opportunity **to benefit from the advertisement.**

 바로 찾아 바로 쓰는 이메일 표현

저는 ABC 사가 저희의 연구개발 능력으로 혜택을 볼 수 있는 좋은 기회라고 봅니다.

I see a great opportunity for ABC to benefit from our R&D capabilities.

저는 ABC 사가 저희의 새로운 지급 조건으로 혜택을 볼 수 있는 좋은 기회라고 봅니다.

I see a great opportunity for ABC to benefit from our new payment terms.

우리의 합병은 양사 모두에게 서로 혜택을 볼 좋은 기회가 될 것입니다.

Our merger will be a great opportunity for the two companies to benefit from each other.

한국과 캐나다 간의 FTA(자유무역협정)로 누가 혜택을 봅니까?

Who benefits from the Korea-Canada Free Trade Agreement?

# 08

## 제안서 작성에 효과적인 표현 및 전략

# 047.
## 수신인이 아는 이름을 언급하라

제목: 박창민 씨가 저를 귀하에게 소개했습니다.

안녕하세요, 사라 씨.
제가 오라클의 해외 제휴 담당자를 뵙고 싶다고 하자, 박창민 씨가
귀하에게 연락해 보라고 했습니다.

**Subject:**
**Changmin Park introduced me to you**

**Hello, Sarah.**
**Changmin Park told me to contact you**
**when I said I'd like to meet with a person in**
**charge of Oracle's overseas partnerships.**

위 이메일의 앞부분은 매우 효과적입니다. 왜냐하면 사라(Sarah)라
는 받는 사람의 이름을 썼을 뿐만 아니라, 사라와 아는 사이인 박창
민의 소개로 이메일을 보낸다는 사실을 밝히고 있기 때문이죠. 충분
히 답장을 받아낼 수 있는 이메일입니다. Changmin Park told me to
contact you ~로 문장을 시작한 이유는 '박창민'이라는 이름을 미리

말함으로써 받는 사람이 이메일을 끝까지 읽도록 하기 위함입니다.

introduce A to B는 우리말로는 보통 'B에게 A를 소개하다'로 해석하지만, 영어에서는 서로에게 소개한다는 개념입니다. introduce A to B를 이해할 때 중요한 것은 나이, 직위 등이 '낮은 사람을 높은 사람에게 소개한다'는 원칙입니다. 즉, to 뒤에 오는 사람이 나이나 직위 등이 더 높습니다. 가령 과장과 사장을 서로에게 소개하는 경우, A 자리에 과장을, to 뒤에 나오는 B 자리에 사장을 써야 합니다.

또 하나 기억해야 할 것은 문장의 가장 앞머리를 she 혹은 he처럼 대명사로 시작하면 안 된다는 사실입니다. 읽는 사람은 she/he부터 읽으므로 she/he가 누구를 말하는지 모르기 때문입니다. 그래서 He told me to contact you when I said I'd like to ~처럼 쓰면 안 됩니다.

▎제프 씨, 안녕하세요.
귀하가 해외 마케팅에 대해 의논하기에 가장 적합한 사람이라고 마이크가 저에게 소개했습니다.

**Hello, Jeff.**

**Mike told me that you're the best person with whom to discuss overseas marketing.**

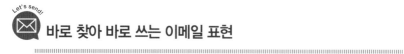
김민수 씨를 소개합니다.

**Let me introduce Minsoo Kim.**

메리가 저를 김민수 선생님께 소개했습니다.

**Mary introduced me to Minsoo Kim.**

메리가 가격 조건을 논의하기에 가장 적합한 사람입니다.

**Mary is the best person with whom to discuss pricing terms.**

김민수 씨가 디자인에 대해 논의를 하기에 가장 적합한 사람이라고 마이크가 소개했습니다.

**Mike introduced Minsoo Kim as the best person with whom to discuss design.**

제가 오라클 연구개발부 사람을 만나고 싶다고 하자, 사라 씨가 귀하에게 연락해 보라고 했습니다.

**Sara told me to contact you when I said I'd like to meet with someone from the R&D division at Oracle.**

# 048.

# 수신인이 알 만한
# 인증이나 고객사를 써라

저희 회사 제품은 ANSI 인증을 받았습니다. 삼성은 저희가 15년간 거래하고 있는 고객사 중 하나입니다.

**Our products are ANSI certified. Samsung is one of the clients that we've been serving for 15 years.**

받는 사람에게 익숙한 인증이나 고객사의 이름 등을 이메일에 언급해서 자신의 제품에 대한 신뢰를 얻는 것은 좋은 방법입니다. KS 인증은 한국에서는 잘 알려져 있지만 북미에서는 이를 아는 회사들이 거의 없습니다. 반드시 상대방이 익숙한 이름을 써야 효과가 있습니다.

고객사를 소개할 때 '공급하다'란 뜻의 동사 supply를 써서 the clients that we've been supplying for 15 years(저희가 15년째 납품하고 있는 고객들)라고 할 수도 있습니다. 위 예문에서 supply 대신 serve (상품·서비스 등을 제공하다)를 쓴 이유는 serve가 좀 더 마케팅적인 표현이기 때문이죠.

과거부터 지금까지 지속적으로 하고 있는 행동은 'have been+동사-ing'를 써서 표현하면 됩니다.

▎저희 제품은 UL과 CE 인증을 가지고 있습니다.

**Our products are UL and CE certified.**

▎저희는 20년간 롯데백화점에 납품하고 있습니다.

**We've been supplying Lotte Department Store for 20 years.**

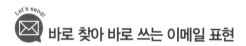 바로 찾아 바로 쓰는 이메일 표현

이 제품은 ANSI 인증을 받았습니까?

**Is this product ANSI certified?**

모나미는 저희에게 20년 동안 펜을 공급해 왔습니다.

**Monami has been supplying us with pens for 20 years.**

저희 공장은 삼성에게 35년간 나사를 공급해 왔습니다.

**Our plant has been supplying Samsung with screws for 35 years.**

쿠카는 5년째 알루미늄 용접 기술을 개발 중입니다.

**KUKA has been developing aluminum welding technology for five years.**

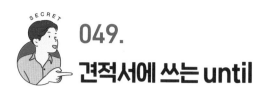

# 049.
## 견적서에 쓰는 until

본 견적 가격은 2020년 6월 30일까지 유효합니다.(7월 1일부터는 무효)

**The quotation price is valid until July 1, 2020.**

이메일에 견적 가격의 유효 기간을 쓸 때 날짜 앞에 쓰는 until의 올바른 뜻은 '~전까지'입니다. 우리나라 사람들뿐만 아니라 다수의 영어권 사람들도 until을 '~까지'라는 뜻으로 틀리게 사용합니다. until July 1 (7월 1일 전까지)라고 쓰면 7월 1일부터 무효가 되므로, 유효 기간은 6월 30일 자정까지를 의미합니다. 만약 '내 휴가는 5월 2일부터 5월 4일까지이다'라고 해서 5월 5일부터 출근을 한다면, 영어로는 My vacation is from May 2 until May 5.라고 써야 맞습니다.

until의 뜻을 틀리게 쓰는 영어권 사람들의 오해를 피하기 위해 The quotation price is valid from June 1 through June 30.(견적 가격은 6월 1일부터 6월 30일까지 유효합니다.)라고 확실히 알려 주기도 합니다. through는 '내내, 줄곧'이라는 뜻으로 쓰여서, 뒤에 나오는 날짜까지 계속 지속하는 것을 의미합니다.

▌ 오늘 우리 미팅을 다음 주로 미룰 수 있을까요?

**Can we postpone today's meeting until next week?**

▸ 다음 주에는 미팅을 하기 때문에 이 문장에서는 until을 맞게 쓴 것입니다.


▌ 저희 사무실은 명절 휴무로 10월 1일부터 5일까지 문을 닫습니다.

**Our office will be closed for the holiday from October 1 through October 5.**


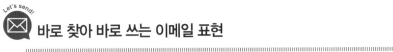

## 바로 찾아 바로 쓰는 이메일 표현

저희 견적서는 2020년 5월 31일까지 유효합니다.

Our quotation is valid until June 1, 2020.

Our quotation expires on May 31, 2020.

Our quotation is valid through May 31, 2020.

저희 생산부 과장님은 이번 주에 출장 중입니다.

Our production manager is away on business until next week.

▸ 다음 주부터 출근함

저희의 품질 보증 기간은 구매일로부터 1년간입니다.

Our warranty is good for one year from the purchase date.

▸ warranty 품질 보증 (기간)

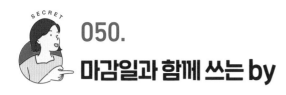

SECRET

# 050.
# 마감일과 함께 쓰는 by

주문 수량을 3월 20일까지 확정지을 수 있을까요?

**Can you fix the order quantity by March 20?**

by는 여러 가지 뜻으로 쓰이는 단어이기 때문에 요리의 양념으로 치면 마늘과 같아서 그 활용 예를 잘 익힐 필요가 있습니다. 예문에서 by March 20(3월 20일까지)라고 해서 20일까지 지속적으로 하라는 의미가 아니고, 20일까지는 수량에 대한 확정을 완료하라는 뜻입니다. 따라서 수량 확정은 18일이 될 수도 있고 17일이 될 수도 있지만 절대로 20일은 넘기지는 말라는 데드라인을 가리킵니다.

▍ 견적서를 3월 20일까지 업데이트해 주세요.

**Please update your quotation by March 20.**

▍ 장비는 5월 1일까지는 우리 사무실에 도착해야 합니다.

**The machine has to arrive in our office by May 1.**

견적서에 주문 수량을 언제까지 확정하면 운송료를 할인해 주겠다는 제안을 하는 것도 고객이 주문 결정을 빨리 하도록 만드는 또 하나의 좋은 방법입니다. 기업의 입장에서는 제품 판매가 빨리 진행되는 것이 목표일 테니까요.

## 바로 찾아 바로 쓰는 이메일 표현

11월 2일까지는 견적서를 주셔야 합니다.

**Your quotation has to be received by November 2.**

저희에게 새 카탈로그를 4월 30일까지 보내 주세요.

**Please send us the new catalog by April 30.**

월요일까지 입금이 되어야 합니다.

**The payment has to be wired by Monday.**

몇 시까지 거기 도착해야 합니까?

**By what time do you have to be there?**

저는 공항에 오전 11시까지 도착해야 합니다.

**I must be at the airport by 11 a.m.**

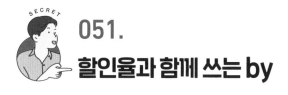

# 할인율과 함께 쓰는 by

저희는 어쩔 수 없이 가격을 4.5퍼센트 인상하게 되었습니다.

**We've been forced to increase the price by 4.5%.**

인상액 혹은 할인액을 설명할 때 '~만큼'에 해당하는 단어가 by입니다. 그 뒤에 인상액이나 인상률(%) 등을 씁니다. 예전과 비교해서 '~만큼 인상되었다' 혹은 '~만큼 감소되었다'라고 할 때 by를 쓰는 것입니다.

'A가 어쩔 수 없이 ~하게 되다'는 A is forced to라고 표현합니다. force는 동사로는 '강요하다', 명사로는 '힘'이라는 뜻이죠. 가방을 가득 채운 후 힘으로 지퍼를 잠그려고 할 때 옆에서 Don't force it.(힘으로 억지로 하지 마.)이라고 말할 수 있습니다.

▌ 저희는 어쩔 수 없이 직원 수를 10퍼센트 감원하게 되었습니다.

**We've been forced to reduce the number of our employees by 10%.**

**We've been forced to reduce our workforce by 10%.**

▸ the number of employees 대신 workforce를 쓸 수도 있습니다.

| 가격을 5퍼센트 더 낮출 수 있을까요?

**Can you lower your price by an additional 5%?**

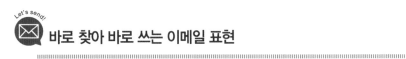

## 바로 찾아 바로 쓰는 이메일 표현

환율 때문에 저희는 어쩔 수 없이 가격을 5퍼센트 인상하게 되었습니다.

**The exchange rate has forced us to increase the price by 5%.**

▶ exchange rate 환율

이 용접 기술은 원자재 낭비를 15퍼센트 줄일 수 있습니다.

**This welding technology can save the waste of raw materials by 15%.**

**This welding technology can reduce the waste of raw materials by 15%.**

▶ the waste of raw materials 원자재 낭비

저희의 매출은 2018년과 비교하여 20퍼센트가 증가했습니다.

**Our revenues have increased by 20% when compared to our revenues in 2018.**

저희의 생산성은 2018년과 비교하여 약 7퍼센트가 향상되었습니다.

**Our productivity has increased by about 7% in comparison with our productivity in 2018.**

# 052.
# 품질 보증서에 자주 등장하는 by

이 품질 보증은 애플 제품이 아닌 것과 함께 사용하여 생긴 고장에는
적용되지 않습니다.

**This warranty does not apply to damage
caused by use with non-Apple products.**

제조사가 규정하는 warranty(품질 보증(서), 품질 보증 기간)를 제안서에 넣
는 경우가 있습니다. 제조사의 품질 보증은 '제조사에 의한 불량품
에만 한정한다'라고 조건을 쓰는 경우가 많죠. 예문을 보면 damage
caused by use with non-Apple products(비(非)애플 제품과 함께 사용하여
생긴 고장)에서 by는 고장을 일으킨 원인을 알려 주는 '~에 의한'이라는
뜻으로 쓰였습니다. 흔히들 말하는 수동태의 by라고 하면 쉽게 기억
되겠죠?

문장의 간결함과 분명함을 위해서 수동태를 가급적 피한다는 것
은 기억하시죠? 하지만 위 문장에서는 '고장'에 대한 설명으로 '비(非)
애플 제품과 사용함'이 일으키는 '고장'이란 의미이므로 수동태를 쓰는
게 맞습니다.

▌ 제조사의 품질 보증은 원자재나 공정의 결함에 의한 고장에만 제한됩니다.

**The manufacturer's warranty coverage is limited to malfunctions caused by defects in materials and/or workmanship.**

▶ '품질 보증'이 문장의 주인 노릇을 해야 하므로 수동태를 사용합니다.

▌ 가격은 저희 미국 에이전트가 제시할 것입니다.

**The price will be offered by our agent in the US.**

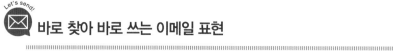 바로 찾아 바로 쓰는 이메일 표현

제조사는 제품의 오용으로 인한 부상은 책임을 지지 않습니다.

The manufacturer is not responsible for injuries caused by the misuse of the product.

제조사는 운송사에 의한 어떤 지연에 대해서도 책임을 지지 않습니다.

The manufacturer is not liable[responsible] for any delays caused by shipping companies.

미국 사무소는 2020년 CES 전시회에서 신제품 발표를 진행할 것입니다.

The new product will be introduced by our U.S. office at the 2020 CES show.

# 053.
## 제안 이메일을 처음 보낼 때
## be excited to share with you

> 마찰용접 장비 프로젝트에 대한 제안서를 귀하에게 보내게 되어 기쁘게 생각합니다.
>
> **I'm excited to share the proposal for the friction welding machine project with you.**

이메일로 처음 제안하는 내용을 보내는 경우에 위의 예문과 같은 문장으로 시작하면 무난합니다. be excited라고 하면 '기분이 좋다, 좋아서 흥이 나다'라는 뜻이고 'share A with +사람'은 '~와 A를 함께 나누다'라는 뜻입니다. proposal은 '청혼'이란 뜻도 있지만 비즈니스에서는 '제안, 제안서'를 의미합니다.

그런데 제안의 이메일을 보냈지만 상대방에게 답이 없다면요? 구매자의 십중팔구는 제안한 내용에 대해서 제때 답을 주지 않습니다. 그래서 follow-up(후속) 이메일을 보내는 것은 비즈니스에서 흔한 일이죠. 다음의 예문은 제안에 대한 답이 없을 때 follow-up으로 보낼 수 있는 이메일의 내용입니다.

▌ 제가 3월 10일에 보낸 제안에 대해 귀하가 질문이 있으시거나 추가 설명이 필요
하신지 알고 싶었습니다.

## I just wanted to see if you had any questions or needed clarification on the proposal that I sent you on March 10.

▸ 여기서 clarification은 '추가 설명', '해명', '설명' 등의 뜻으로 쓰였습니다.

# 바로 찾아 바로 쓰는 이메일 표현

저희 견적서를 귀사에 보내게 되어 기쁘게 생각합니다.

## I'm excited to share the quotation with you.

귀하를 직접 만나게 되어 기쁘게 생각합니다.

## I'm excited to meet you in person.

▸ in person 직접

저희의 5주년 창립 기념 파티에 귀하를 초대하게 되어 기쁘게 생각합니다.

## I'm excited to invite you to our fifth anniversary party.

저는 귀하가 질문이 있으신지 알고 싶습니다.

## I'd like to know if you have any questions.

저희는 공급업체와 부스를 나눠 쓰는 것을 개의치 않습니다.

## We don't mind sharing a booth with our supplier.

# 054.
## 상대방의 의향을 알고 싶을 때
## share your thoughts with us

저희 제안서를 검토하신 후, 귀하의 의견을 저희에게 알려 주세요.

**After reviewing our proposal, please share your thoughts with us.**

제안서를 만들어 보낼 때, 본인이 제시하는 가격이나 제품 사양에 대한 구매자의 의견을 꼭 물어봐야 합니다. 이렇게 해야 경쟁사 대비 가격 경쟁력과 기타 귀한 정보도 알 수 있기 때문에 정보 수집 차원에서 꼭 필요한 질문입니다.

'당신의 의견을 우리에게 공유해 달라'라는 표현은 share your thoughts with us라고 씁니다. Secret 053에서 'share A with+사람'에 대해서는 설명했습니다. 위 예문에서 우리나라 사람들이 자주 실수하는 부분이 after reviewing(검토한 후) 다음에 목적어를 빼먹는 것이죠. 동사 review(검토하다) 뒤에는 반드시 목적어가 나와야 합니다.

▌ 귀하의 의견을 저희에게 알려 주시길 바랍니다.

**We hope you'll share your thoughts with us.**

▌ 마크 씨의 제품에 대한 의견을 저희 팀원들과 공유하겠습니다.

**I'll share Mark's feedback on our product with the team.**

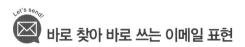 바로 찾아 바로 쓰는 이메일 표현

저희 마케팅 자료를 검토하신 후, 귀하의 의견을 저희에게 알려 주세요.

**After reviewing our marketing materials, please share your thoughts with us.**

귀사의 견적서를 검토한 후 연락드리겠습니다.

**We'll respond after reviewing your quotation.**

마크 씨가 본인의 의견을 저희에게 알려 주셔서 기쁩니다.

**We're glad that Mark shared his thoughts with us.**

귀하의 의견을 저희에게 알려 주시면 감사하겠습니다.

**We would appreciate it if you could share your thoughts with us.**

저희 회사의 가격 정책에 대한 딜러들의 의견을 알려 주시면 감사하겠습니다.

**We would appreciate it if you could share dealers' thoughts on our pricing policy.**

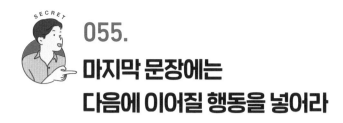

## 055.

# 마지막 문장에는
# 다음에 이어질 행동을 넣어라

저희 브로슈어를 보내 드린 후 제가 전화 드리겠습니다.

**I'll give you a call after sending our brochures.**

위의 예문과 같이 후속 조치가 들어간 문장은 상대방이 내 전화를 기대하게 함으로써 다음 단계로 관계를 이어가는 것을 돕습니다. 본 이메일을 보내고, 브로슈어를 받았는지 확인하는 전화 통화에서 상대방과 나 사이에 지속되는 화제를 이어갈 수도 있습니다. will 대신 be going to를 쓰면 좀 더 확정하는 어조가 됩니다.

❚ 저희 브로슈어를 보내 드린 후 다음 주에 제가 전화 드리겠습니다.

**I'm going to give you a call next week after sending you our brochures.**

❚ 2월 14일 동부표준시로 오전 8시에 전화드리겠습니다.

**I'm going to call you on February 14 at 8 a.m. EST.**

▸ 시간이 정해진 화상 회의(conference call)인 경우

이메일의 끝인사로 다음 행동을 유도하는 질문을 하는 것도 좋습니다. 만약 영어로 전화 통화를 하는 것이 부담스럽지 않다면, 전화 통화를 몇 시에 하면 좋은가를 묻는 것도 매우 좋은 조치입니다. 반면 전화 영어가 서툴다면 이메일로만 의사소통하는 것이 훨씬 더 낫습니다. 전화로 통화할 때 상대방이 너무 버벅거리면 듣고 있는 것조차 어색하고 고역이기 때문입니다.

▎다음 단계는 어떻게 가져가야 합니까?

**What would be the next step?**

▎저의 제안에 대해서 어떻게 생각하십니까?

**What do you think about my proposal?**

참고로 북미에서 흔히 사용하는 시간대는 크게 아래의 4개가 있고, 여기에 '알래스카 표준시'와 '하와이 표준시'가 추가되기도 합니다. 일반적으로 시간 옆에 시간대의 약자를 써서 상대방에게 알려 줍니다.

▎**Eastern Standard Time (EST)** 동부 표준시

**Pacific Standard Time (PST)** 태평양 표준시

**Central Standard Time (CST)** 중부 표준시

**Mountain Standard Time (MST)** 산악 표준시

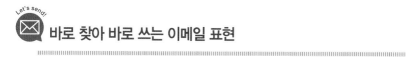

## 바로 찾아 바로 쓰는 이메일 표현

귀하의 조언을 구하기 위해서 전화드리겠습니다.

I will give you a call in order to get your advice.

박람회에서 귀하를 찾아뵙도록 하겠습니다.

I'll look for you at the trade show.

견적서 만료일 일주일 전에 이메일을 보내 드리겠습니다.

I'll email you one week before the expiration date of our quotation.

귀사의 영업에 대한 니즈를 더 이해하기 위해서 1~2분 통화를 하고 싶습니다. 몇 시가 편하십니까?

I would like to speak to you for a couple of minutes to better understand your sales needs. When is convenient for you?

# 056.
# 상대방이 답을 하도록 유도하는 질문
# Can I contact you ~?

그 견적서에 대해 의논하기 위해 제가 귀하에게 연락을 드려도 될까요?

**Can I contact you to discuss the quotation?**

제안서를 보냈는데 답이 없는 경우, 위의 예문과 같은 내용을 보내서 반응을 유도할 수 있습니다. 마냥 기다리는 것이 아니라 이쪽에서 접촉하겠다고 하는 것이죠. 더 구체적으로 '전화를 드려도 될까요?'라고 묻고 싶으면 Can I phone you to discuss the quotation?(그 견적서에 대해 의논하기 위해 제가 당신에게 전화를 해도 되겠습니까?)이라고 하면 되겠죠.

상대의 허락을 구할 때 쓰는 표현으로 Can I ~? 대신 Would you mind if I ~? 혹은 Do you mind if I ~?를 쓰기도 합니다. 이 표현들은 매우 정중한 느낌을 줍니다. 사전적 의미는 '제가 ~하는 것을 꺼리십니까?'이기 때문에 허락하는 뜻으로 '꺼리지 않는다'라고 답하고 싶으면 no라고 해야 합니다. 하지만 미국 사람들은 Would you mind if I ~?나 Do you mind if I ~?보다 Can I ~? 혹은 Could I ~?를 더 많이 씁니다.

▌ 제가 귀하에게 전화를 드려도 될까요?

**Would you mind if I phoned you?**

**Do you mind if I phone you?**

    Would you mind if ~?와 Do you mind if ~? 구문을 쓸 때, if 다음에 동사의 형태가 현재형이 오는지 혹은 과거형이 오는지 헷갈리는 경우가 종종 있습니다. Would you mind if I phoned(과거형) you?라고 쓰고 Do you mind if I phone(현재형) you?라고 쓰면 맞습니다. 하지만 영어권 사람들 사이에도 Would you mind if I phone you?라고 흔히 씁니다. 제 관점에서 보면, 이런 차이는 사소한 것으로 틀린다고 해서 밤잠을 설칠 필요는 전혀 없습니다. 아니면 보다 적극적으로 언제 전화를 드리면 좋을지 묻는 것도 좋은 전략입니다.

▌ 그 견적서에 대해 의논하기 위해 언제 전화를 드리면 편하실까요?

**When would it be convenient to call to discuss the quotation?**

# 바로 찾아 바로 쓰는 이메일 표현

그 제안서에 대해 논의하기 위해 제가 귀하에게 연락을 드려도 될까요?

**Can I contact you to discuss the proposal?**

**Do you mind if I contact you to discuss the proposal?**

그 견적서에 대해 의논하기 위해 저희 북미 지역 담당자인 이만수 씨가 연락을 드려도 될까요?

**Could Mr. Mansoo Lee, our North American representative, contact you to discuss the quotation?**

그 데이터를 함께 볼 수 있을까요?

**Do you mind sharing the data with us?**

**Can you share the data with us?**

저에게 마이크 씨의 연락처를 주실 수 있을까요?

**Do you mind giving me Mike's contact information?**

A: 저와 함께 방을 쓰는 것이 괜찮으세요?
B: 네, 괜찮습니다.

**A: Do you mind sharing a room with me?**

**B: No, I don't mind.**

▶ mind를 이용한 질문과 대답

# 09

## 협상할 때 알아두면
## 유용한 영어 표현

# 057.

## 필요한 조건을 먼저 제시할 때
# I've got to

저희는 많은 재료를 구매해야 하기 때문에 (일을) 시작하기 전에
지급을 꼭 받아야 합니다.

**I've got to buy a lot of materials, so I really
need to be paid before I begin.**

판매자가 구매자의 지급 조건을 무조건 따를 필요는 없습니다. 구매자
가 글로벌 기업이고 판매자가 소기업이라고 해도 지급 조건을 협상할
수 있습니다. 기억해야 하는 것은 왜 내가 돈을 미리 받아야 하는지 이
유를 설명해 주는 것이죠. 구매자가 주문하는 제품이 고객 사양에 맞
춰야 하는 맞춤형이라면 선지급을 요구할 수 있고, 고객이 구매하기
전에 테스트를 요구할 경우에 이에 대한 지급도 요구할 수 있습니다.

　have got to(~해야만 하다)나 need to(~할 필요가 있다)는 비즈니스 이
메일에서 흔히 쓰입니다. must도 같은 용도로 쓸 수 있는데 느낌이 아
주 강하죠. 예를 들어 '(미팅이 있어서) 오후 3시까지는 사무실에 가야
한다'라고 한다면 I need to be at the office by 3 p.m.이라고 쓰면 됩
니다. 돈을 지금 내야만 우리가 제품을 보낸다고 강력하게 얘기하고자

하면 must를 씁니다.

| 재료 공급업체의 긴 조달 시간 때문에 저희는 지금 주문을 해야 합니다.

**I've got to order materials now because of our supplier's long lead time.**

▶ lead time (물품의) 조달 시간, 준비 시간

| 장비의 견적을 내기 전에 저희는 귀사의 전기 엔지니어와 미팅을 할 필요가 있습니다.

**We need to meet with your electric engineers before giving you a quote on the machine.**

▶ quote 견적(을 내다)

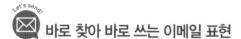

## 바로 찾아 바로 쓰는 이메일 표현

저는 마이크 씨에게 전화해서 미팅을 다시 잡아야 합니다.

I've got to call Mike and reschedule the meeting.

저희의 재료 공급자가 전액 선지급을 요구해서 저희도 선지급을 받아야 합니다.

Our materials supplier demands full payment upfront; we need to be paid in advance.

운송비 전액을 미리 받아야만 합니다.

Full shipping fees must be paid upfront.

# 대안들 → alternatives

> 저희는 귀사가 요구하는 가격을 제시할 수 없지만 다른 대안들을 논의해 봅시다.
>
> **We can't offer you the price that you requested, but let's discuss other alternatives.**

상대방이 요구하는 가격을 수용할 수 없을 때는 다른 대안을 제시하는 것도 좋은 방법입니다. 단순히 가격이 맞지 않는다고 해서 거래가 성사되지 않는 것은 아닙니다. 상대방은 이미 구매를 하기로 결정한 상태에서 추가적인 가격 협상을 제안한 것일 수도 있습니다. 물론 그 가격이 아니면 도저히 구매를 할 수 없는 경우도 있을 수 있습니다. 반대로 가격을 맞춰 주더라도 거래가 성사되지 않을 수도 있습니다. 상대방은 여러분이 제시한 조건을 다른 회사와의 협상 수단으로 쓸 수도 있는 것이죠.

　alternative는 '대안'이라는 뜻의 명사로, 위 예문에서 복수로 쓰인 이유는 대안이 한 가지가 아니라 여러 가지일 수 있기 때문이죠. alternative는 '대안이 되는'이라는 의미의 형용사로 쓸 수도 있습니다.

❚ 가능한 대안들은 협상 과정에서 바뀔 수 있습니다.

**Possible alternatives can change during the course of negotiations.**

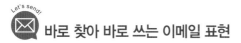

## 바로 찾아 바로 쓰는 이메일 표현

마이크가 협상하기 전에 몇몇 대안에 대해서 논의하라고 했습니다.

Mike said that we should discuss some alternatives before we negotiate.

협상자들은 대안에 초점을 맞춰야만 합니다.

Negotiators should focus on the alternatives.

여기서 실패하면 대안이 없습니다.

If we fail here, we have no alternatives.

마이크의 대체 계획은 무엇입니까?

What's Mike's alternative plan?

# 059.
## 전반적인 우려·전체가 관련된 사항
## → collective concern

장비에 대한 투자액은 전반적인 우려입니다.

**Investment in equipment is a collective concern.**

나만의 특수 상황이 아니라 상대방도 공감할 수 있는 전반적인 우려 혹은 전체가 관련된 사항이라는 사실을 언급하는 것은 좋은 협상의 시작입니다. 제품을 제작하려면 그 제품에 맞는 장비를 주문 제작해야 하는 경우가 있을 수 있습니다. 위 예문은 그런 상황에서 equipment costs(장비비)가 나만 관련된 일이 아니고 전반적인 우려 혹은 전체가 관련된 사항이라는 의미로 하는 말입니다.

a collective concern은 '전반적인 우려' 혹은 '전체가 관련된 사항'이라고 상황에 따라서 다르게 번역될 수 있습니다. collective는 '(여러 명의 의견을) 취합한, 집단의'라는 뜻이고, concern은 '우려' 혹은 '중요한 사항'을 나타냅니다. 그래서 a collective concern이라고 하면 나만 관련된 것이 아니라 전체가 관련되어 있음을 의미하죠.

▌ 이것은 전체가 관련된 사항이므로 팀 미팅에서 논의하는 것이 가장 좋겠습니다.

**This is a collective concern, and it's best to discuss it at a team meeting.**

▌ 누가 각 그룹의 전체적인 생각을 요약하겠습니까?

**Who will sum up the collective thoughts of each group?**

▸ sum up 요약하다

## 바로 찾아 바로 쓰는 이메일 표현

우리의 생산성 감소에 대한 전반적인 우려가 있습니다.

There's collective concern over a decrease in our productivity.

가격을 올리자는 것은 전체적인 결정이었습니다.

It was a collective decision to increase the price.

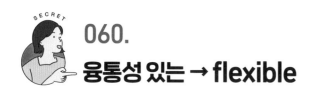

# 060.

# 융통성 있는 → flexible

저희 회사는 변화에 적응할 만큼 탄력적입니다.

**Our company is flexible enough to adapt to change.**

협상에서 융통성 있게 대처하면 내부적으로도 많은 발전을 가져올 수 있습니다. 작은 회사의 장점은 큰 회사보다 변화에 대해 좀 더 빠르고 유연하게 대처할 수 있다는 것입니다. 대안을 생각하고 고정된 규칙에 얽매인 결론을 내리지 않는 것이 융통성 있는 협상입니다.

flexible(융통성 있는, 유연한)은 탄성이 있는 제품을 묘사할 때와 생각·사고 등이 열려 있다는 것을 나타날 때 쓸 수 있는 단어입니다.

❙ 저희 시스템은 많은 변수를 허용할 만큼 충분히 유연합니다.

**Our system is flexible enough to permit many variations.**

❙ 우리 스케줄을 유연하게 해 뒀기 때문에, 계획을 바꿀 수 있었어요.

**Because we kept our schedule flexible, we were able to change the plan.**

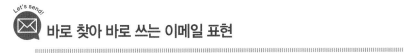

## 바로 찾아 바로 쓰는 이메일 표현

저희는 지급 조건에 대해서는 유연합니다.

**We're flexible in our payment terms.**

저희는 장비 납기일에 대해서는 탄력적일 수 있습니다.

**We can be flexible in terms of the machine lead time.**

우리의 계획은 고객의 필요로 발생하는 변화를 수용하도록 융통성 있게 유지되어야 합니다.

**Our plan should remain flexible to accommodate any changes in clients' needs.**

▶ accommodate 수용하다

저희는 귀사의 첫 주문에 대해서는 지급 조건을 변경할 수 없지만, 두 번째 주문에 대해서는 더 유연할 수 있습니다.

**We can't make any changes in the payment terms for your first order, but we can be more flexible with your second order.**

저희 직원들이 회사에서 행복한 이유는 그들의 근무 시간이 탄력적이기 때문입니다.

**Our employees are happy at work because their work schedules are very flexible.**

# 061.
## 상대방에게 행사할 수 있는 영향력
## → leverage

ABC 사는 그 협회 내에서 막강한 경제적 영향력을 가지고 있습니다.

**ABC has enormous economic leverage within the association.**

협상에서는 상대방에게 내가 어떤 영향력을 행사할 수 있는지를 잘 생각해 봐야 합니다. 예를 들어 납기일이 촉박한 구매자에게는 제품의 가격보다 소요 시간이 더 중요하겠죠? 이 경우 납기일을 영향력 있는 거래 조건으로 사용하여 가격 협상을 유리하게 끌고 갈 수 있습니다.

leverage는 무거운 것을 들어올릴 때 쓰는 '지렛대(lever)'에서 나온 말인데, 비즈니스 영어에서는 일반적으로 내가 상대방에게 행사할 수 있는 '영향력'이라는 뜻으로 쓰입니다.

┃ 그들의 특허가 곧 만료되므로 우리가 협상에서 더 큰 영향력을 갖게 될 것입니다.

**We'll have greater leverage in negotiations because their patent is about to expire.**

사람들은 2022년에는 미국이 무역 협상에서 더 큰 영향력을 가지게 될 것이라고 생각합니다.

**They think that the US will have greater leverage in trade negotiations in 2022.**

 ## 바로 찾아 바로 쓰는 이메일 표현

만약 우리의 기술을 알려 주면, 우리는 더 이상 영향력이 없습니다.

If we disclose our technology, we won't have any more leverage.

▸ disclose (비밀이던 것을) 밝히다

우리의 특허가 그 투자자들과 협상할 수 있는 힘이 되어 줄 것입니다.

Our patent will give us bargaining leverage with those investors.

귀하가 그들의 기존 기밀 유지 협약에 동의하고 나면, 협상에서 귀하의 영향력은 거의 없습니다.

You have little leverage in negotiations after you agree to their current NDA.

▸ NDA (nondisclosure agreement) 기밀 유지 협약

# 062.

## '~만큼 경쟁력 있는'은
## as competitive as ~

귀사의 현 제안은 우리가 기대했던 것만큼 경쟁력 있지 않습니다.

**Your current offer is not as competitive as we had expected.**

가격이나 여러 조건을 경쟁사와 비교하여 상대방에게 다시 제안해 달라고 말하는 것은 좋은 협상의 기술입니다. 이때 사용하기 좋은 단어가 competitive입니다. competitive 하면 흔히 '경쟁심 있는'으로만 알고 있는데, competitive에는 두 가지 뜻이 있습니다. 하나는 '경쟁력 있는'이고, 또 하나는 '경쟁심이 있는'이란 뜻입니다. 비즈니스 이메일에서는 '경쟁력 있는'이란 의미로 많이 씁니다. as competitive as ~ 하면 '~만큼 경쟁력 있는'이라는 뜻입니다.

▍ B사가 귀사보다 훨씬 더 경쟁력 있는 가격을 제시했습니다.

**Company B has offered a far more competitive price than yours.**

▌ 여자애들도 남자애들만큼 경쟁심이 있지만, 사회가 여자애들의 경쟁심을 장려하지 않습니다.

**Girls are as competitive as boys, but society doesn't promote girls' competitiveness.**

상대방이 가격 인하를 요구할 경우 굳이 가격을 낮추지 않고, 경쟁사와 품질적 차이를 설명하는 실험 결과서를 보내거나 제품 납기일을 당기거나 하여, 고객이 원하는 다른 조건을 만족시켜 주겠다는 약속을 함으로써 새로운 제안을 낼 수도 있습니다.

 **바로 찾아 바로 쓰는 이메일 표현**

안타깝게도 우리의 현재 비용은 우리가 시장에서 경쟁력을 유지할 수 없게 만듭니다.

**Unfortunately, our current costs don't allow us to remain competitive in the market.**

미국은 일부 고부가가치 제조 영역에서 중국보다 더 경쟁력이 있습니다.

**The U.S. is more competitive than China in some areas of high-value-added manufacturing.**

다른 도시들이 싱가포르만큼 경쟁력이 있을 수 있을까요?

**Can other cities be as competitive as Singapore?**

제인은 타고나길 경쟁심이 강한 사람입니다.

**Jane is competitive by nature.**

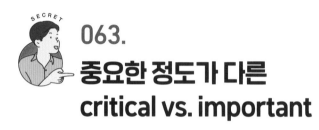

# 063.
## 중요한 정도가 다른
## critical vs. important

중요한 것은 귀사의 장비가 저희의 모든 안전 기준에 맞느냐입니다.

**It's critical for your equipment to meet all of our safety standards.**

위의 예문에서 critical은 '중요한'이라는 뜻입니다. important를 쓰면
되지 왜 critical을 썼을까요? 두 단어는 차이가 있습니다. important
는 '중요한'이란 뜻을 갖고 있지만, 만약 그것을 안 한다고 큰일이 나
는 것은 아닙니다. 반면 critical에는 그것을 하지 않으면 큰 영향이 미
친다는 뜻이 내포되어 있습니다. 예를 들어 '24시간 안에 반드시 병원
에 가야 한다'라고 한다면 병원에 가지 않으면 크게 잘못될 수 있다는
뜻이므로 이때는 It's critical to see a doctor within 24 hours.라고
critical을 씁니다. 동사 criticize(비판하다)의 형용사인 critical은 '비판
하는, 비난하는'이라는 뜻 이외에도 이렇게 '매우 중요한'이란 의미로
쓰입니다. 사용자 매뉴얼에서 critical parts라고 하면 장비의 '핵심 부
품'을 가리킵니다.

　상대에게 가장 중요한 것이 무엇인지를 설득시키는 것은 좋은 협

상 방법입니다. 예문과 같은 내용의 이메일을 받는다면 장비 가격이 올라간다고 통보식으로 회신하지 말고, safety standards를 모두 맞추는 조건의 장비 가격은 얼마, 하지만 더 저렴한 구매품으로 바꿀 경우는 얼마, 이렇게 협상을 해 보십시오.

▌ 귀하의 고객은 구매를 결정할 때 가장 중요하게 고려하는 것이 무엇입니까?

**What do your clients consider the most critical when making a purchasing decision?**

▌ 그것이 중요한 질문으로 연결됩니다. 언제 우리가 제품을 출시해야 할까요?

**That leads us to a critical question: When should we launch the product?**

 **바로 찾아 바로 쓰는 이메일 표현**

중요한 것은 귀사가 부품을 제때에 공급하는 것입니다.

It's critical that you supply the part in time.

지금은 우리 성공에 매우 중요한 순간입니다.

This is a critical moment for our success.

이 대리는 위태로운 상태에 있습니다.

Mr. Lee is in critical condition.

# 4

# 이메일 및
# 웹사이트
# 상용 표현

# 10

## 한국인이 잘 틀리는
## 이메일 상용 표현

# very와 함께 쓸 수 없는 형용사

저희는 20년간 양질의 교육용 완구를 선도해 온 제조사로서 자부심을 가지고 있습니다.

**We're proud to have been a leading manufacturer of excellent educational toys for 20 years.**

우리나라 사람들이 흔히 범하는 오류 중 하나가 very(매우)를 최고 강도의 형용사와 함께 쓰는 것입니다. very 뒤에 오는 형용사가 excellent(훌륭한), fantastic(환상적인), wonderful(멋진), freezing(너무나 추운)처럼 더 이상 강도를 높일 수 없는 단어라면 함께 쓰면 안 됩니다. 이 최강 형용사들은 extreme adjective라고 해서, 단어 자체에 very 의 뜻이 들어 있습니다. 문법적 실수나 단어의 오용이 없는 이메일이 상대방으로 하여금 회사에 대한 신뢰를 높일 수 있음을 기억하세요.

▌테네코 사와의 미팅은 좋았습니다.

**Our meeting with Tenneco was wonderful.**

마이크 씨의 프레젠테이션은 아주 멋졌습니다.

**Mike's presentation was really fantastic.**

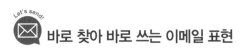

## 바로 찾아 바로 쓰는 이메일 표현

사라 씨는 소베이 사의 훌륭한 고객 서비스를 보여 주는 전형적인 예입니다.

**Sara exemplifies Sobey's excellent customer service.**

이 매트리스는 뛰어난 원자재로 만들어졌습니다.

**The mattress is made with excellent materials.**

꽁꽁 어는 추운 날씨에도 장비는 가동되어야만 합니다.

**The machine should work even in freezing weather.**

# 065.
# 대상이나 주제 앞에 쓰인 on은 '~에 관해서'

수상하신 것을 진심으로 축하드립니다.

**I would like to congratulate you on winning the award.**

'A가 B한 것을 축하하다'는 영어로 congratulate A on B라고 합니다. 여기서 전치사 on이 쓰인 데 유의하세요. 축하의 표현은 Congratulations on ~이라고만 써도 '~한 것을 축하합니다'란 뜻이 됩니다. 그래서 '창립 기념일을 축하드립니다'는 Congratulations on your anniversary. 라고 합니다. 흔히, anniversary를 '결혼 기념일'로만 알고 있는데, 창립 기념일을 포함한 모든 '기념일'을 anniversary라고 합니다.

전치사 on을 대상이나 주제가 되는 단어 앞에 쓰면 '~에 관해서' 란 뜻이 됩니다. 우리는 '~에 관해서' 하면 무조건 about을 떠올리는데, 흔히 about을 써야 한다고 생각하는 문장 중 on을 써야 하는 경우가 자주 있습니다. 다음 두 문장을 보면 on에 공통적인 뜻이 있음을 알 수 있습니다.

▌ 저희 제품의 보증 기간은 1년입니다.

**We provide a 1-year warranty on the product.**

▸ '~에 대한 1년간의 제품 보증'이므로 on을 써서 표현

▌ 샘은 인공 지능에 대해서는 전문가입니다.

**Sam is an expert on artificial intelligence.**

참고로 이메일에서는 수를 표기할 때 알파벳보다 아라비아 숫자
를 선호합니다. 눈에 빨리 들어오기 때문이죠.

 바로 찾아 바로 쓰는 이메일 표현

새 직장을 구하신 것을 축하합니다!

Congratulations on your new job!

승진을 진심으로 축하드리며, 앞으로도 무궁한 발전을 기원합니다.

I would like to congratulate you on your promotion and
wish you continued success.

GE는 제품에 대해서 3년 품질 보증을 제공합니다.

GE provides a 3-year warranty on its products.

마이크는 검색 엔진 최적화 분야의 전문가입니다.

Mike is an expert on search engine optimization.

▸ search engine optimization 검색 엔진 최적화

# 066.

# discuss about이 아니라
# 그냥 discuss

저희가 논의하고 싶은 것은 가격에 관한 것입니다.
→ 저희는 귀하와 가격에 대해 의논하고 싶습니다.

**We would like to discuss pricing with you.**

우리나라 사람들은 이메일의 서두에 흔히 '저희가 논의하고 싶은 것은'
이라고 운을 뗀 후 용건을 씁니다. 그런데 이를 영어로 직역하여 What
we want to discuss is ~라고 하면 어색합니다. 짧게 'We would like
to discuss+용건'으로 말하면 됩니다.

동사 discuss(~에 대해서 논의하다)를 discuss about으로 잘못 쓰는
경우가 많은데, discuss라는 단어 안에는 이미 about(~에 대해)의 의미
가 포함되어 있습니다. talk about을 하나의 단어로 하면 discuss인
것입니다.

▌ 그것에 대해서는 나중에 논의합시다.

**Let's discuss it later.**

저는 귀사의 대표님과 논의할 것이 있습니다.

**I have something to discuss with your CEO.**

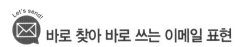

## 바로 찾아 바로 쓰는 이메일 표현

저는 그 전시회에서 가격 책정에 대해 논의하고 싶습니다.

**I'd like to discuss pricing at the trade show.**

저는 우리의 미팅 안건에 대해 논의하고 싶습니다.

**I'd like to discuss our meeting agenda.**

저는 사라 씨와 그 견적서에 대해 논의했습니다.

**I discussed the quotation with Sara.**

마이크 씨는 품질 보증 정책에 대해 논의하기를 원합니다.

**Mike wants to discuss warranty policies.**

저희는 귀사의 엔지니어와 전력원에 대해 논의할 필요가 있습니다.

**We need to discuss power sources with your engineer.**

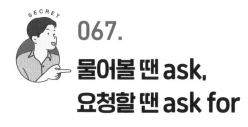

# 067.

# 물어볼 땐 ask,
# 요청할 땐 ask for

저는 귀 호텔의 사진 몇 장을 요청하고자 이메일을 씁니다.

**I'm writing to you to ask for some photos of your hotel.**

영어 이메일을 쓸 때 ask와 ask for를 헷갈리는 분들이 종종 있습니다. ask는 '물어보다'란 뜻이고, '~을 부탁하다, ~을 요청하다'의 경우에는 ask for를 씁니다.

'요청하다' 하면 흔히 떠오르는 request도 ask for의 좋은 대안입니다. 둘 다 거의 비슷한 뜻이기는 한데, request가 더 정중하고 공식적인 어감을 줍니다. 그러므로 친구 간에 request를 쓰면 좀 어색하고, 웹사이트나 비즈니스 이메일에 request를 쓰면 적합합니다.

요청할 때 쓸 수 있는 또 다른 표현으로는 I was wondering if you could ~(저는 당신이 ~할 수 있는지 궁금합니다)가 있습니다.

▌ 메리는 마이크가 몇 살인지 물었다.

**Mary asked Mike's age.**

▌ 마크는 더 많은 돈을 요구했지만, 그의 상사는 거절했다.

**Mark asked his boss for more money, but she refused.**

▌ 저희 제품 카탈로그를 요청하시려면 웹사이트를 방문해 주세요.

**To request a catalogue of our products, please access our website.**

 **바로 찾아 바로 쓰는 이메일 표현**

제가 질문을 하나 해도 될까요?

Can I ask you a question?

저는 샘플을 몇 개 요청하고 싶습니다.

I would like to ask for some samples.

저는 귀 호텔 사진 몇 장을 저에게 보내 주실 수 있는지 궁금합니다.

I was wondering if you could send me some photos of your hotel.

로빈 씨는 백업 파일을 요구했습니다.

Robin asked for a backup file.

크리스는 김 대리에게 질문을 했지만, 김 대리는 도면을 요구했습니다.

Chris asked Mr. Kim questions, but Mr. Kim asked for drawings.

# 068.
## '~인 것 같습니다'는 생략한다

> 귀사의 제품이 좋은 것 같습니다.
> → 귀사의 제품은 좋습니다.
>
> **Your product is good.**

우리는 의견을 낼 때 '~인 것 같습니다' 혹은 '~라고 생각합니다'라고 흔히 말하는데요, 영어 이메일을 쓸 때도 이 말을 그대로 옮겨서 seem 혹은 think를 자주 씁니다. 그러나 이는 올바른 쓰임이 아닙니다. I think your product is good.(나는 귀사의 제품이 좋다고 생각합니다.)보다는 Your product is good.(귀사의 제품은 좋습니다.)이 더 자연스럽게 들립니다. 또한 제품의 가격을 흥정하면서 It seems expensive.(그것은 비싼 것 같습니다.)라고 하는 것보다 It's expensive.(그것은 비쌉니다.)라고 쓰는 것이 더 자연스럽습니다.

하지만 굳이 내 생각임을 강조하고 싶은 경우나 자신의 의견에 확신이 없다는 것을 일부러 드러내고자 하는 경우라면, I think 혹은 It seems를 쓰는 것이 맞습니다.

┃ 저는 분홍색 단추가 옳은 선택이라고 생각합니다.

## I think pink buttons will be the right choice.

▶ 개인 의견임을 강조

## 바로 찾아 바로 쓰는 이메일 표현

(창밖을 보며) 눈이 오는 것 같아요.

## It's snowing.

▶ I think it's snowing.은 콩글리시

저는 일본 음식을 좋아하는 것 같아요.

## I like Japanese food.

▶ I think I like Japanese food.는 콩글리시

사라 씨의 조언이 도움이 될 것이므로 저희는 그녀를 고용하기로 했습니다.

## We've decided to hire Sara because her advice will be helpful.

▶ Sara's advice seems to be helpful, so we've decided to hire her.는 콩글리시

# 069.
# 요일, 달 이름은 대문자로 쓴다

저의 계획은 월요일에 파리에 도착하는 것입니다.

**I plan to arrive in** paris **there on** monday. (×)

→ **I plan to arrive in Paris on Monday.**

우리나라 회사들의 브로슈어를 보면 대문자가 규칙에 맞지 않게 쓰여 있는 경우가 많습니다. 하지만 영어의 대문자는 여기저기 쓰는 것이 아니므로 규칙을 익힐 필요가 있습니다. 영어에서 대문자는 강조의 효과가 있습니다. 그래서 계약서에 아주 중요한 조항을 대문자로 표현하기도 하죠. 반면 스팸 메일을 보면 온통 대문자로 쓰여 있는 경우를 흔히 발견할 수 있는데, 받는 사람은 대문자를 보면 누군가가 내게 소리를 질러 가며 얘기한다고 생각합니다.

대문자 규칙은 고유 명사는 반드시 대문자로 시작해야 하고, Tuesday(화요일) 등의 요일 이름과 January(1월) 등의 달 이름은 첫 글자를 대문자로 써야 합니다.

책, 영화, 신문기사, 보고서 등의 제목을 쓸 때는 의미가 상대적으로 약한 단어들(예: by, and, of 등)은 소문자로 처리하고 나머지 단어들의 첫 글자는 대문자로 시작합니다.

**[제목의 대문자 처리 예]**

❚ 어떻게 이메일을 효과적으로 쓰는가

## How to Write Effective Email

▸ 'to+동사'의 경우에 to는 소문자로 처리합니다.

❚ 데이터 분석과 예측 모델

## Data Analysis and Predictive Models

▸ and는 소문자로 처리합니다.

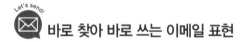

## 바로 찾아 바로 쓰는 이메일 표현

고객의 문제를 어떻게 해결하는가 [제목]

## How to Solve Clients' Problems

피터 팬이 작성한 데이터 분석 [제목]

## Data Analysis by Peter Pan

마이크는 〈협상을 더 잘하는 법〉이라는 책을 썼다.

## Mike wrote the book *How to Negotiate Better*.

# 11

# 한국인이 잘 틀리는
# 웹사이트 상용 표현

# 070.
# 사이트맵을 반드시 넣어라

| | |
|---|---|
| **Home** | 홈페이지 |
| **About Us** | 회사 연혁 / 경영 이념 · 경영 가치 / CEO 소개 / 인증 / 특허 |
| **Services** | 회사에서 제공하는 서비스 소개 |
| **Products** | 회사에서 제공하는 제품 및 적용 사례 소개 |
| **Clients** | 고객 명단 · 프로필 / 고객의 추천사 / 고객별 사례 |
| **Contact Us** | 주소 / 전화번호 / 이메일 / 이메일 양식 |

자사의 웹사이트에 내용을 잘 정비해 두어도 구글(Google)에서 검색이 되지 않으면 웹사이트를 통해서는 문의가 들어오지 않습니다. 구글에서 검색이 잘 되도록 하기 위한 방법의 하나는 웹사이트의 구조를 알리는 사이트맵을 웹사이트 하단에 넣는 것입니다. 사이트맵의 체계를 보면 보통은 위와 같은 항목으로 나뉘어져 있습니다.

항목 안에 들어가는 일반적인 내용을 제목으로 쓸 때 앞서 언급했던 제목의 규칙을 따라가면 됩니다. 예를 들어, '회사소개'를 About Us

항목에 넣고 '서비스와 제품'을 하나로 묶어 Services and Products로 해도 좋습니다. and는 소문자로 처리합니다.

웹사이트 내용 중 고객별 사례(Business Cases)를 넣고 고객의 추천사(Client Testimonials)를 꼭 넣을 것을 권장합니다. 구글은 서로 연관된 단어가 많을수록, 내용이 참신하고 독창적일수록 검색 순위를 위로 둔다는 것을 기억하십시오.

About Us에는 회사 전체적인 모습을 그리는 내용으로 경영 이념 혹은 경영 가치를 넣는데, Mission, Vision 혹은 Values(소중히 여기는 가치)를 넣을 수 있습니다.

미국 기업 사훈의 예를 통해서 회사 가치를 나타내는 표현을 보죠.

▎L.L. 빈: 합리적인 가격에 좋은 제품을 팔고, 당신의 손님을 사람으로 대하자. 그러면 언제나 더 사려고 돌아올 것이다.

**L.L. Bean: Sell good merchandise at a reasonable profit, treat your customers like human beings, and they will always come back for more.**

▎트위터: 모든 사람들에게 장벽 없이 생각과 정보를 즉시 만들어 공유하는 힘을 줄 것

**Twitter: To give everyone the power to create and share ideas and information instantly, without barriers**

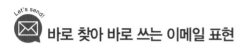

# 바로 찾아 바로 쓰는 이메일 표현

자포스: 더 적게 들여서 더 많이 하자.

**Zappos: Do More with Less.**

스퀘어스페이스: 이상에 다가가도록 최적화하자.

**Squarespace: Optimize Towards Ideals.**

인퓨전소프트: 낙관적으로 도전을 맞이하자.

**Infusionsoft: Face Challenges with Optimism.**

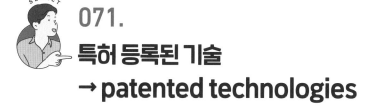

# 071.

## 특허 등록된 기술
## → patented technologies

코라 사의 에너지 저장 시스템은 다음의 특허 (등록된) 기술에 기반합니다:
*(특허 기술 나열)*

**KORA's energy storage systems are based on the following patented technologies:**

국내 기업의 영문 홈페이지나 회사 소개서를 보면 '코라(KORA) 사는 세계 1위가 되려고 노력하고 있다'와 같은 막연한 내용의 문구들을 자주 발견하게 됩니다. 하지만 이런 문장은 읽는 사람에게 wishy-washy(어중간한) 메시지로 들릴 뿐, 효과가 없습니다. 대신 코라 사가 가지고 있는 특허 기술에 대해 구체적으로 언급하면, 웹사이트 방문자들에게 신뢰를 주는 데 효과적입니다.

patented는 '특허가 난, 특허 등록된'이라는 뜻입니다. patent는 동사로 '특허를 내다'라는 뜻으로도 쓸 수 있습니다. 예를 들어, "내 발명품을 특허 내는 것을 고려해야 할까요?"를 영어로 쓴다면, "Should I consider patenting my invention?"이라고 쓸 수 있습니다.

| 3개 특허 (획득) 및 5개 특허 출원 중

**Three Patents and Five Patents Pending**

| XYZ 기술 특허 신청

**XYZ-Patent Applied**

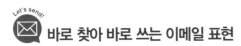 **바로 찾아 바로 쓰는 이메일 표현**

미국에 특허 신청했음

a U.S. patent applied

국제 특허 등록된 4개 기술

four internationally patented technologies

저희 회사는 미국에 특허 등록된 기술을 2개 가지고 있습니다.

Our company has two U.S. patented technologies.

그 회사의 가치는 특허 등록된 기술에 의해 결정됩니다.

The company valuation is determined by patented technologies.

ZZZ 기술 특허 출원 중

ZZZ-Patent Pending

## 072.
# 웹사이트의 cookie policy (쿠키 정책)

> 저희 웹사이트를 사용한다는 것은 귀하가 본 쿠키 정책에 따른 쿠키
> 사용에 동의한다는 것을 의미합니다.
>
> **By using our website, you consent to our use of
> cookies in accordance with this cookie policy.**

웹사이트를 방문자 정보를 모으는 도구로 활용할 수 있습니다. 웹사이트에 cookies(쿠키)를 심어서 방문자가 어떤 페이지를 보고 갔는지를 추적하는 것이죠. 그런 경우에는 방문자의 동의를 얻어야 하는데 위와 같은 안내문을 웹사이트에 띄워서 동의(I agree) 버튼을 누르도록 하는 것이 일반적입니다. 이렇게 cookie policy(쿠키 정책)를 알리는 이유는 방문자에게 방문자 정보를 모은다는 것을 공식적으로 알리는 데 목적이 있습니다.

▌ 이 웹사이트는 사용자의 경험을 향상시키기 위해 쿠키를 사용하고 있습니다.

**This website uses cookies to improve the user experience.**

| 저희가 쓰는 쿠키가 작동하지 않도록 하면, ABC 사이트에서 이용에 제약이 발생할 수도 있습니다.

**If you disable the cookies that we use, this may impact your user experience while on the ABC site.**

'~에 동의하다'는 consent to로 늘 to와 짝을 이루어 쓰입니다. consent는 '동의'란 뜻의 명사로도 씁니다. 예를 들어 '제 상사가 그 제안에 동의했습니다.'는 My boss has given his consent to the proposal.로 씁니다.

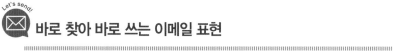

## 바로 찾아 바로 쓰는 이메일 표현

저희 웹사이트의 개인 정보 보호 정책에 동의하십니까?

**Do you consent to the privacy policy on our website?**

귀사의 제안에 대한 저희 사장님의 동의를 구해 보겠습니다.

**I'll ask my boss for his consent to your proposal.**

그 회사에서 제품 출시를 미루는 것에 동의할 리 없습니다.

**The company would never consent to delaying the product launch.**

저는 당신께 동의한 적이 없습니다.

**I never gave you my consent.**

# 073.

# '본사'는 headquarter (✗)
# → headquarters

> LPR 글로벌 사의 본사는 토론토 시내에 있습니다.
>
> **LPR Global's headquarters is located in downtown Toronto.**

국내 회사들의 영문 웹사이트를 보면 '본사'가 headquarter로 되어 있는 경우가 많은데, '본사'는 영어로 headquarters라고 씁니다. 마지막에 -s가 붙는다는 것을 꼭 기억하세요. headquarters 대신 head office를 써도 좋습니다. headquarter를 동사로 쓰면 '~에 본부를 두다, 본부를 설치하다'의 의미입니다.

본사의 위치를 설명할 때 '~ 근처에 있는'이라는 뜻의 표현인 in close proximity to를 활용하면 좋습니다. proximity는 공간 등에서 '가까움'이라는 뜻입니다.

▍본사는 한국의 금융가 한복판에 있으며 국내선 공항 근처입니다.

**The headquarters lies in the heart of Korea's financial district and is in close proximity to the country's domestic airport.**

▎저희가 사무실 위치를 선택한 이유는 R&D 센터 근처이기 때문입니다.

**We chose our office location because of its close proximity to the R&D center.**

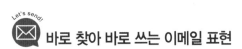 **바로 찾아 바로 쓰는 이메일 표현**

저희 회사는 본사가 진주에 있습니다.

Our company headquarters is in Jinju.
Our company is headquartered in Jinju.

귀사의 본사는 어디에 있습니까?

Where is your headquarters located?

토론토에 본사가 있는 LPR 글로벌은 한국 기업의 미국과 캐나다 수출을 가능하게 합니다.

Headquartered in Toronto, LPR Global enables South Korean companies to export to the USA and Canada.

저희는 R&D 센터를 고려대학교 근처에 세웠습니다.

We opened an R&D center in close proximity to Korea University.

## 074.

# 창립된 → founded in 연도·장소

> 1971년도에 대한민국에서 창립된 나라테크는 최초로 산업용 휴대 라디오를 개발했습니다.
>
> **Founded in 1971 in South Korea, Nara Tech first developed industrial portable radios.**

회사의 창립 연도를 소개하는 글에서 흔히 하는 실수가 found(창립하다)라는 동사를 쓸 때 founded(창립된)라고 써야 할 자리에 founding(창립한)으로 쓰는 것입니다. founding을 쓸지 founded를 쓸지는 뒤에 나오는 문장의 주어와 found라는 단어 사이의 관계에 따라 결정됩니다. 위 예문에서 문장의 주어는 나라테크(Nara Tech)라는 회사로, 회사는 창립을 할 수는 없고 창립되는 것이므로 수동형인 founded를 쓰는 게 맞습니다.

다음 예문은 이 회장님(President Lee)이 주어로 쓰였기 때문에, founding이 맞습니다.

▎1971년 나라테크를 창립한 후, 이 회장님은 산업용 휴대 라디오를 개발하는 데 전념했습니다.

**After founding Nara Tech in 1971, President Lee focused on developing industrial portable radios.**

'창립 멤버'라는 영어 표현은 founding members라고 표현합니다. find(찾다, 발견하다)의 과거형 found와 형태가 같아 혼동하는 경우가 있으니 주의하기 바랍니다.

 **바로 찾아 바로 쓰는 이메일 표현**

저희 회사는 2000년도에 창립됐습니다.

**My company was founded in 2000.**

이 선생님은 2000년도에 무(Moo) 사를 창립한 이후, 줄곧 자동차 부품을 생산해 왔습니다.

**Since founding Moo in 2000, Mr. Lee has been manufacturing automotive parts.**

무(Moo) 사는 2000년도에 창립되어 자동차 분야에서 글로벌 기업으로 성장했습니다.

**Founded in 2000, Moo has grown to become a global corporation in the automotive industry.**

# 075.
# 회사 연혁을 쓸 때의 동사 오류

- 2015년 삼성전자의 올해의 협찬사로 선정
- 2012년 문화체육관광부 표창
- 2011년 창립

- **Selected** Supplier of the Year by Samsung Electronics in 2015
- **Awarded** by the Ministry of Culture and Tourism in 2012
- **Founded** in 2011

회사 연혁을 쓸 때, 위 예문처럼 주어를 빼고 업적을 연도별로 나열하는 경우 주어를 중간에 바꿀 수 없습니다. 따라서 회사 연혁의 주어가 회사가 될지 혹은 창립자가 될지 정해야 합니다. 또한 동사의 형태도 바꿔서는 안 됩니다. 즉, 동사를 과거형으로 썼으면 모두 과거형으로 나열하고, 현재형으로 썼으면 모두 현재형으로 나열하며, 동명사 형태로 썼으면 모두 동명사 형태로 일관되게 써야 합니다. (참고로 회사 연혁을 말할 때 동사의 시제는 단순현재형으로 통일하기도 합니다.)

회사 연혁의 내용면에서 창립자의 배경은 중요합니다. 예를 들어 3년이 안 된 신생 회사인 경우, 창립자가 해당 분야에서 오랫동안 종사했다는 경험을 연혁에 쓰면 회사의 짧은 역사를 보완할 수 있습니다.

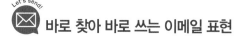

## 바로 찾아 바로 쓰는 이메일 표현

1993년 한국 최초 태양광 모듈을 상용화

**In 1993, commercialize photovoltaic modules for the first time in Korea**

(사진을 제시하며) 2016년 오바마 대통령이 인천에 있는 유진 테크의 본사를 방문하여 제조 공장을 견학합니다.

**In 2016, President Barack Obama visits U-Jin Tech's headquarters in Incheon and tours the manufacturing plant.**

2012년 링컨 사는 4개의 회사를 인수하며 지속적으로 확장합니다.

**Lincoln continues to expand in 2012, acquiring four other companies.**

2011년 LPR 글로벌 사는 뛰어난 수출 서비스로 중소기업청 우수상을 수상합니다.

**In 2011, LPR Global earns the SMBA's Excellence Award for its excellent export services.**

2017년 회사는 민토 테크놀로지로부터 얼굴 인식 기술 사용 허가를 받습니다.

**In 2017, the company licenses facial recognition technologies from Minto Technology.**

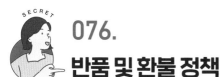

# 076.
# 반품 및 환불 정책
## (Return and Refund Policy)

- 고객은 30일 내에 환불을 요구할 수 있습니다.
- 반품 승인을 반드시 요청해야 합니다.
- 환불은 고객의 비자, 마스터카드, 아메리칸 익스프레스 신용/직불카드로 됩니다.

- **Customers have up to 30 days to ask for a refund.**
- **A return authorization must be requested.**
- **Refunds are credited to customers' Visa, MasterCard, or American Express credit/debit cards.**

웹사이트에서 제품을 판매하는 경우, 반품 및 환불 정책 페이지를 별도로 만들어서 구매자에게 알려 주면 판매를 더 이끌어 낼 수 있습니다. 60%가 넘는 구매자들은 반품 및 환불 정책에 대한 상세한 설명이 있는 웹사이트를 더 선호하고 신뢰합니다.

'반품'은 영어로 return이라고 하고, '환불(금)'은 refund라고 합니다. 위 예문은 미국의 한 회사의 실제 반품 및 환불 정책입니다. 반품 및 환불 정책에는 반품과 환불이 가능한 기간, 절차, 운송비에 대한 정책 등이 포함되어 있어야 합니다. credit은 동사로 쓰면 어떤 계좌에 '돈을 돌려주다, 입금하다'의 의미입니다. credit을 명사로 쓰면 '신용 거래' 또는 '칭찬', '인정'이라는 뜻입니다.

▌ 환불금은 저희가 고객의 반품을 받은 후 영업일 10일 이내에 고객의 신용카드로 입금됩니다.

**Refunds are credited to customers' credit cards within 10 business days after we receive customers' returns.**

▌ 저희가 제공할 수 있는 도움에 대한 칭찬은 받지 않겠습니다.
(저희는 할 수 있는 일을 했을 뿐입니다.)

**We won't take credit for help we can offer.**

 바로 찾아 바로 쓰는 이메일 표현

환불금은 귀하의 비자카드로 들어갑니다.
The refund will be credited to your Visa card.

반품 라벨을 반드시 요청해야 합니다.
A return label must be requested.

관련된 모든 운송비는 저희가 부담합니다.
We will pay for any shipping fees involved.

# 12

# 비즈니스 이메일 표현 업그레이드

# 077.
# '~을 위해 노력을 기울이다'는
# strive to

우리는 고객 만족과 향상을 위해 끊임없이 노력합니다.

**We continually strive to improve and to satisfy our clients.**

strive는 '(뭔가를 하거나 얻기 위해) 분투하다, 노력을 기울이다'라는 뜻으로, 회사 웹사이트에서 흔히 사용되는 동사입니다. strive를 명사와 함께 쓰려면 'strive for+명사'로 쓰고, 동사와 함께 쓰는 경우는 'strive to+동사' 이렇게 씁니다. try가 '노력하다', '시도해 보다'라는 뜻이라면, strive는 얻으려는 목적이 있어서 '많은 노력을 기울이다'라는 의미입니다. 비즈니스 이메일에서는 '노력하고 있다'고 할 때 try보다 strive를 쓰는 것이 좋습니다. try를 쓰면 읽는 사람으로 하여금 자신 없는 모습으로 비춰질 수도 있고, 그 전에는 노력하지 않았다는 의미가 될 수도 있습니다.

▎우리는 완벽함을 위해 매진합니다.

**We strive for perfection.**

▎ 우리는 더 나은 사회를 만들기 위해 계속 노력해야 합니다.

**We must continually strive to make society better.**


한편 try를 써야 할 때 strive를 쓰면 어색합니다. 예를 들어 Can you open this bottle?(이 병을 열어 줄래요?)이라고 부탁하면 I'll try.(제가 해 볼게요.)처럼 쓰면 맞습니다.

 **바로 찾아 바로 쓰는 이메일 표현**

의지력이 성공의 열쇠입니다. 성공한 사람들은 자신들의 감정에 상관 없이 의지력을 통해서 무관심, 의심, 두려움을 극복하려고 노력합니다. [작가 댄 밀먼]

**Willpower is the key to success. Successful people strive, no matter what they feel, by applying their will to overcome apathy, doubt, or fear.**

당신을 못 알아본다고 신경쓰지 말고, 알아볼 가치가 있도록 노력하세요. [에이브러햄 링컨]

**Don't worry when you're not recognized, but strive to be worthy of recognition.**

저는 이제까지 존재했던 가장 위대한 사람들처럼 되려고 노력합니다. [윌 스미스]

**I strive to be like the greatest people who have ever lived.**

회사는 자동차 분야에서 배터리 기술을 선도하기 위해 끊임없이 노력하고 있습니다.

**The company is continually striving to be the leader in battery technology in the automotive industry.**

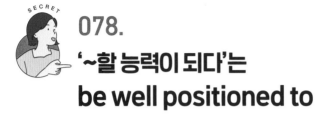

# 078.
## '~할 능력이 되다'는
# be well positioned to

> 코라 사는 세계 반도체 시장에서 경쟁할 능력이 됩니다.
>
> **KORA is well positioned to compete in the global semiconductor market.**

be well positioned to(~하기에 좋은 위치에 있다)는 우리말로 직역하면 어색하므로, '~할 능력이 되다', '~하기에 유리한 입장에 있다' 또는 '자리매김하고 있다'라는 의미로 번역하여 쓸 수 있는 표현입니다.

▎우리는 전 세계 고객들에게 서비스를 제공할 능력이 됩니다.

**We are well positioned to serve clients worldwide.**

position은 명사로 '직위' 또는 운동 경기 시 선수의 '위치'라는 뜻이지만, 동사로는 '위치하다'라는 뜻입니다.

▎메리는 재빨리 발표대 뒤로 자리를 잡았습니다.

**Mary quickly positioned herself behind the podium.**

▎A: (하키에서) 넌 포지션이 뭐야?
B: 난 골키퍼야.

**A: What's your position?**

**B: I'm a goalie.**

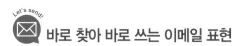 바로 찾아 바로 쓰는 이메일 표현

저희 회사는 의료 영상 시장에서 유례없이 자리매김하고 있습니다.

Our company is uniquely positioned in the medical imaging market.

메리는 마이크의 발표를 평가할 위치에 있지 않습니다.

Mary isn't positioned to assess Mike's presentations.

▸ assess 평가하다

표시된 곳으로 가서 서세요. [사진사가 하는 말]

Please position yourself on the marked spot.

# 079.
# '신뢰받는'은 trusted,
# '남을 잘 믿는'은 trusting

저희는 기업을 대상으로 신뢰받는 보안 서비스를 제공하고 있습니다.

**We serve as a trusted security service provider to corporations.**

이메일을 받아 보면 trusted와 trusting의 쓰임을 헷갈리는 분들이 많습니다. 단순한 실수라고는 해도 의외로 이상한 표현이 되는 경우가 많으니 주의가 필요합니다. 만약 위 예문에서 trusted 대신 trusting을 쓴다면 정말 우스꽝스러운 의미가 됩니다. trusting은 '신뢰하는, 남을 잘 믿는'이라는 뜻이므로, 계속 의심하며 보안을 지켜야 하는 보안 회사가 남을 잘 믿는다는 의미가 되어 버리는 것이죠. '신뢰받는'이라고 할 때는 trusted를 써야 합니다. 그 외에 excited와 exciting, bored와 boring과 같은 과거분사형과 현재분사형을 잘못 쓰는 예도 흔히 봅니다. 과거분사형(동사+ed)은 수동의 의미가, 현재분사형(동사+ing)은 능동의 의미가 있다는 것만 기억하고 있어도 비즈니스 이메일에서 큰 실수는 하지 않을 것입니다.

> 저희는 자동차 제조사들에게 신뢰받는 공급사로서 그들에게 최첨단 하이드로포밍 기술을 제공하는 일을 합니다.

**We serve as a trusted supplier to automobile makers, providing them with cutting-edge hydroforming technologies.**

> 그의 발표가 지루했어요.

**I found his presentation boring.**

**His presentation bored me.**

**His presentation was boring to me.**

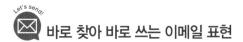

## 바로 찾아 바로 쓰는 이메일 표현

그 합병 소식은 매우 흥미로웠습니다.

The merger news was very exciting.

그 합병 소식은 경영진을 기쁘게 했습니다.

The merger news made management excited.

The merger news excited management.

그의 발표는 지루했습니다.

His presentation was boring.

이번 기회가 양사가 믿을 수 있는 오랜 파트너십으로 이어지길 바랍니다.

I hope this opportunity will lead both companies to a trusting long-term partnership.

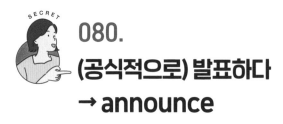

# 080.
# (공식적으로) 발표하다
# → announce

회사는 1분기에 천만 달러 적자라고 주주들에게 발표했습니다.

**The company announced to its shareholders a loss of 10 million dollars in the first quarter.**

announce는 공식 성명을 발표하는 것을 말합니다. 따라서 공식적인 자리나 상황이 아닌 경우에 announce를 쓰는 것은 적합하지 않으니 주의해야 합니다.

위 예문을 우리말로 옮길 때 흔히 하는 실수가 사람 앞에 to 를 빼먹고 The company announced its shareholders a loss of 10 million dollars in the first quarter.라고 쓰는 겁니다. 하지만 'announce+사람+내용'은 틀린 문장입니다. announce를 써서 '~에게 발표하다'라고 하고 싶으면 'announce to+사람'으로 표현해야 한다는 것을 기억해 두세요. announce의 명사형은 announcement(발표, 성명)입니다.

▌첫 발표는 오전 11시에 있었습니다.

**The first announcement was made at 11 a.m.**

영문 웹사이트에는 보통 Press Release(보도 자료) 섹션이 있습니다. 우리나라 회사들은 이 난을 방치하는 경우가 많은데, 여기에 회사 관련 기사와 인터뷰, 수상 소식 등의 홍보 거리를 실으면 좋습니다. 웹사이트를 방문하는 사람들은 그 회사에 대한 기사를 보면서 그 회사가 공식적으로 인정받고 업계에서 좋은 평판을 가진 회사임을 알게 되는 것이죠. 또한 풍부한 내용의 Press Release는 구글 검색이 잘되도록 도움을 주기도 합니다.

## 바로 찾아 바로 쓰는 이메일 표현

저희는 아직 공식적인 발표를 하지 않았습니다.

**We haven't made an official announcement yet.**

새로운 이민법이 도입될 것이라고 발표가 났습니다.

**It was announced that new immigration policies would be introduced.**

캐나다는 2030년까지 석탄 에너지를 점진적으로 없앤다는 계획을 발표했습니다.

**Canada announced its intention to phase out coal-powered energy by 2030.**

# 081.
# 원칙적인 policy
# vs. 탄력적인 program

회사 정책상 50달러가 넘는 선물은 허용되지 않습니다.

**Company policy doesn't allow us to accept gifts worth over $50.**

수량에 따른 가격 할인 프로그램이 있는지 저희에게 알려 주세요.

**Please let us know if you have a volume-discount program.**

policy는 '정책, 방침, 규정'이라는 뜻으로, 일방적으로나 수시로 바꿀 수 없는 것입니다. 반면 program은 그보다 더 작은 범위의 정책을 의미하는 것으로, 훨씬 탄력적으로 변경이 가능한 것을 가리킵니다. 즉, 예문처럼 a volume-discount program(수량에 따른 가격 할인 프로그램)이나 the frequent-flyer program(항공 마일리지 프로그램) 같은 표현에 program을 씁니다. policy를 바꾸는 것은 계약을 바꾸는 것이기 때문에 상대방에게 바뀐 내용을 즉시 통보해야 합니다.

회사는 정책에 따라서 움직이는 조직이므로, 못한다고 거절해야 할 때 It's against our policy.(저희 정책에 어긋납니다.)라고 하면 상대가 보다 쉽게 수긍할 수 있습니다.

▎ 저는 귀사의 품질 보증 정책을 이해하기 힘듭니다.

**I am having trouble understanding your warranty policy.**

▎ 귀사의 지불 기일 연장 요청을 검토하였습니다만, 유감스럽게도 그렇게 하는 것은 저희 회사의 정책에 어긋남을 알려 드립니다.

**We reviewed your request to extend your payment due date. We regret to inform you that doing so is against our policy.**

 **바로 찾아 바로 쓰는 이메일 표현**

저는 귀사의 반품 정책에 대해서 논의하고 싶습니다.
I'd like to discuss your return policy.

저는 귀사에서 보낸 A1 중에서 7개의 불량품을 찾았습니다. 귀사의 반품 정책을 알려 주세요.
I've found seven defective products in the A1 that you sent us. Please inform me of your return policy.

우대 회원 제도는 회사가 고객에게 제공하는 보상 프로그램입니다.
A loyalty program is a rewards program offered by a company to its customers.

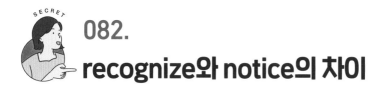

# recognize와 notice의 차이

> 보안 시스템이 메리의 지문을 인식하지 못했습니다.
>
> **The security system didn't recognize Mary's fingerprint.**
>
> 김 대리는 생각을 너무 깊게 하고 있어서 마이크가 방에 있는 것을 몰랐습니다.
>
> **Mr. Kim was so deep in thought that he didn't notice Mike was in the room.**

recognize와 notice를 헷갈려하는 경우가 종종 있습니다. recognize 는 과거에 알고 있던 것을 기억하여 '알아보다' 혹은 '인식하다'라는 뜻 이고, notice(의식하다, 알다)는 처음으로 알아보거나 알아챌 때 씁니다. 또한 notice는 '경고장' 혹은 '안내문'이라는 의미의 명사로 쓰기도 하고, noticeable은 '한눈에 알아볼 수 있는' 혹은 '눈에 띄는'이란 뜻의 형용사입니다.

한편 recognized by는 '~가 알아주는'이라는 뜻이지요. '파리의 패션업계에서 알아주는 유명 디자이너'는 a reputable designer

208

recognized by the fashion industry in Paris라고 하면 됩니다.

▌ 마이크는 해리가 살을 너무 빼서 못 알아보는 듯했습니다.

**Mike didn't seem to recognize Harry because he had lost so much weight.**

▌ 그 회의에 대한 공지 보셨어요?

**Did you see the notice about the meeting?**

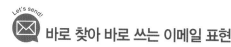 바로 찾아 바로 쓰는 이메일 표현

그분의 서명을 알아보시겠어요?

Do you recognize his signature?

이 필체 알아보시겠어요?

Do you recognize this handwriting?

메리는 문에 붙어 있는 공지를 읽기 시작했습니다.

Mary started reading a notice on the door.

박 과장님이 피곤해 보이는 것을 톰이 눈치챘습니다.

Tom noticed that Mr. Park was looking tired.

귀사 엔지니어링 팀이 두 번째 장비를 눈에 띄게 향상시켰습니다.

Your engineering team has made noticeable improvements in the second machine.

5

# 어려운 상황을
# 해결할 때 쓰는
# 이메일 표현

# 13

부정적인 내용을
효과적으로 전달하는
이메일 표현

# 083.
# 무생물 주어를 써서 규정으로 표현한다

휴대 전화는 공장 안으로 가지고 들어갈 수 없습니다.

**Cell phones aren't allowed inside the plant.**

Secret 040에서 무생물을 주어로 쓰는 예를 설명했습니다. 위 예문을 You can't bring a cell phone to the plant.라고 해도 문법적으로 맞습니다. 하지만 이 문장은 상대방에게 명령조로 들릴 수 있습니다. 반면 cell phones(휴대 전화)라는 무생물을 주어로 써서 규정이나 규칙처럼 들리도록 표현하면 자칫 껄끄러울 수 있는 사항을 효과적으로 전달할 수 있습니다.

영어에서 사람이 아닌 상황, 물건, 요일 등을 주어로 써서 표현할 수 있다는 지식을 잘 활용해 보십시오. 글을 짧고 정확하게 쓸 수 있을 뿐만 아니라 비난이 아닌 규정을 전달하는 것처럼 들리도록 할 수 있습니다.

▌그 사태와 관련된 진행 상황은 어떻게 됩니까?

**What progress has been made regarding the situation?**

▌다음 주 화요일 오후 3시가 안 되면 귀하가 가능한 시간대를 알려 주세요.

**If next Tuesday at 3 p.m. isn't convenient for you, please tell me the times that you're available.**

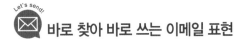

## 바로 찾아 바로 쓰는 이메일 표현

첨부 문서에 귀하가 요구하신 사양이 들어 있습니다.

The attached document has the specifications that you requested.

비밀번호를 넣으면 저희의 10만 개가 넘는 무료 게임에 접속할 수 있습니다.

The passcode gives you access to our over 100,000 free games.

만약 다음 주 화요일이 안 되면 다른 날짜를 알려 주세요.

If next Tuesday isn't convenient, please suggest an alternative date.

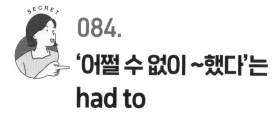

# 084.
## '어쩔 수 없이 ~했다'는
# had to

고객의 주문품이 제때 도착하지 않아 불편을 끼친 것에 대해서, 제가
개인적으로 저희 고객에게 사과할 수밖에 없었습니다.

**I had to personally apologize to our client for
the inconvenience of not receiving her order
on time.**

비즈니스를 하다 보면 어쩔 수 없는 상황들이 발생합니다. 우리말의
'어쩔 수 없이 ~했다' 혹은 '~할 수밖에 없었다'는 영어로 'had to+동
사'를 써서 표현하면 됩니다. 거래처에서 제품을 늦게 보낸 경우, 화내
지 말고 늦은 배송이 우리에게 어떤 영향을 미쳤는지 위의 예문처럼
구체적으로 설명하기를 추천합니다.

여기서 personally apologize(개인적으로 사과하다)라는 표현은 매우
좋습니다. 사과를 받는 고객의 입장이라면, 회사의 형식적인 사과 이
메일보다는 이렇게 개인적인 사과가 더 진심으로 와닿기 때문이죠.

inconvenience(불편) 다음에 of를 빼먹는 실수를 흔히 봅니다. 잘
눈여겨봐 두시고요. on time(제때에)도 흔히 쓰는 표현이니 기억해 두
세요.

▌우리는 비용을 1/4로 줄일 수밖에 없었습니다.

**We had to reduce the cost by 1/4.**

▌안전 안경을 꼭 써야만 하나요?

**Do we have to put on safety glasses?**

▸ 안전 안경을 쓰고 싶지 않아서 물어보는 상황

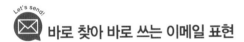

## 바로 찾아 바로 쓰는 이메일 표현

환불 처리를 위해 저희가 그 불량품을 받아야 합니다.

We have to receive the defective product in order to process your refund.

2차 지급을 처리하기 전에 저희는 귀사의 인보이스를 받아야 합니다.

We have to receive your invoice before we process your second payment.

귀사의 인보이스에 있는 은행 SWIFT 코드가 틀려서 저희는 귀사의 계좌로 국제 송금을 취소할 수밖에 없었습니다.

We had to cancel an international wire to your bank account because your invoice had the wrong SWIFT code for your bank.

# 085.

## 안타깝게도 → unfortunately

안타깝게도 제가 비행기를 놓쳐서 미팅 시간에 맞춰서 토론토에 도착하지 못할 듯합니다.

**Unfortunately, I missed my flight, so I won't get to Toronto in time for the meeting.**

Unfortunately, ~(안타깝게도 ~합니다)는 안 좋은 소식을 전할 때 유용한 표현입니다. Unfortunately, ~ 대신에 It's unfortunate, but ~을 써도 됩니다. 반면 It's unfortunate that ~은 '~라니 유감입니다'라는 뜻입니다.

▎ 안타깝게도 이 부장님께서 어제 사표를 냈습니다.

**Unfortunately, Director Lee resigned yesterday.**
**It's unfortunate, but Director Lee resigned yesterday.**

▎ 귀하가 그 제품을 더 이상 판매하지 않는다니 유감입니다.

**It's unfortunate that you no longer sell the product.**

get은 활용도가 높은 단어인데 'get to+장소'로 쓰면 '~에 도착하다'라는 뜻입니다. in time은 '시간 맞춰'라는 뜻이고, on time은 '정시에, 제때에'라는 뜻으로 그 시간에 꼭 맞추는 것을 의미하니 잘 구분해서 쓰기 바랍니다.

## 바로 찾아 바로 쓰는 이메일 표현

안타깝게도 저희는 귀하의 사이즈가 없습니다.

**Unfortunately, we don't have your size.**

유감스럽게도 저희는 귀하에게 지난번과 같은 가격으로 제공해 드릴 수 없습니다.

**Unfortunately, we can't offer you the same price as the last time.**

안타깝게도 제가 기차역에 시간 맞춰 도착할 수 없어서 재닛 씨를 픽업할 수 없습니다.

**Unfortunately, I can't get to the train station in time, so I won't be able to pick up Janet.**

안타깝게도 저희 중 규제에 대해 아는 사람이 아무도 없었습니다.

**Unfortunately, none of us knew about the regulation.**

# 086.
# '~할 수밖에 없다'의 세 가지 표현

폭풍 때문에 경영진은 출발을 미룰 수밖에 없었습니다.

**The management team** was forced to postpone their departure due to the storm.

에어트랜은 17대의 항공편을 우회하고 24대의 항공편을 취소할 수밖에 없었습니다.

**Air Tran** had no choice but to divert 17 flights and to cancel 24 flights.

저는 제 실수를 인정할 수밖에 없었습니다.

**I** was compelled to admit my mistake.

'be forced to+동사', 'have no choice but to+동사', 'be compelled to+동사'는 모두 비슷한 뜻으로, '(상황 때문에 어쩔 수 없이) ~하게 되다'라고 말할 때 씁니다.

이 표현들 중 force는 '억지로 시키다'란 뜻이죠. 그래서 A forced B to ~라고 하면, 'A가 강제적으로 B에게 ~하도록 했다'란 의미입니다. B의 입장에서 쓰면, 수동태로 B was forced to ~로 표현하고 'B는 어쩔 수 없이 ~하게 됐다'란 의미가 되는 것이죠.

　compel은 한국인이 잘 쓰지 않는 동사인데, force와 유사한 의미로 '강요하다, 강제하다'란 뜻입니다. be compelled to의 형태로 쓰면 '~하도록 강요받다, 하는 수 없이 ~하다'란 의미를 나타냅니다.

▌앨빈 토플러는 우리가 역사에서 배우지 않는다면, 우린 역사를 다시 겪을 수밖에 없다고 말했습니다.

**Alvin Toffler once remarked that if we do not learn from history, we shall be compelled to relive it.**

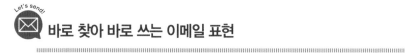

## 바로 찾아 바로 쓰는 이메일 표현

가격이 올라서 저는 예약을 취소할 수밖에 없습니다.

**I'm forced to cancel the reservation due to the price increase.**

한국의 원화 가치가 하락하여 저희 가격을 4.5퍼센트 인상할 수밖에 없었습니다.

**The weakened Korean won has forced us to increase the price by 4.5%.**

케빈은 존과 미팅을 한 후 그 계약서에 서명할 수밖에 없었습니다.

**Kevin was compelled to sign the agreement after meeting with John.**

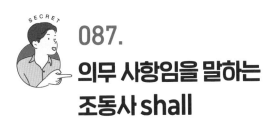

# 087.
# 의무 사항임을 말하는
# 조동사 shall

인보이스 날짜로부터 30일 이내에 결제되어야 합니다.

**Payment shall be due thirty (30) days from the date of the invoice.**

상대방에게 지급 혹은 약속 이행을 요구할 때 가장 설득력 있는 방법은 기존에 양측이 동의한 내용을 거론하는 것입니다. 이미 합의한 내용이므로 상대방은 그것에 대한 약속을 꼭 지켜야만 하는 것이죠. 계약서에서 자주 보이는 **shall**은 그런 의무적인 것을 말할 때 쓰는 조동사로, 뒤에 나오는 행동이 의무 사항임을 가리킵니다.

❚ 지급은 본 인보이스를 받자마자 이루어져야 합니다.

**Payment shall be due upon receipt of this invoice.**

❚ 모든 고용주는 고용인의 안전을 보장하기 위해 모든 실질적인 조치를 취해야 합니다.

**Every employer shall take all practical steps to ensure the safety of employees.**

## 바로 찾아 바로 쓰는 이메일 표현

30일이 넘은 미지급금은 월 1퍼센트의 이자가 가산됩니다.

**Balances of 30 days or more shall accrue 1% interest for each month in arrears.**

▶ or more ~ 이상 / in arrears 빚진, 연체된

기한이 지난 거래는 월 1퍼센트 이자가 붙습니다.

**Overdue accounts shall be charged interest at a rate of 1% per month.**

장비 문이 열린 상태에서는 모터가 작동하면 안 됩니다.

**The motor shall not run while the equipment doors are open.**

계약이 만료되면 모든 자료는 반환돼야 합니다.

**All materials shall be returned when the contract expires.**

이번 미팅은 자동차 산업 전반으로 시작할까요?

**Shall we start the meeting with the automotive industry overview?**

▶ 여기서 shall은 제안의 의미

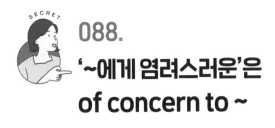

# 088.
## '~에게 염려스러운'은
## of concern to ~

유가 상승은 우리 모두에게 매우 염려스러운 부분입니다.

**The increase in the price of oil is of great concern to all of us.**

concern은 '우려시키다'라는 뜻의 동사로도, '우려, 걱정'이라는 의미의 명사로도 흔히 쓰입니다. 'of concern to+사람'은 '~에게 염려스러운'이라는 뜻으로 전치사 to를 쓰는 것에 유의하세요.

❙ 무역 전쟁은 모두에게 염려스러운 것입니다.

**The trade war is of great concern to everybody.**

한편, 사물에 쓸 때는 전치사 about을 써서 concern about이라고 표현합니다.

❙ 대통령은 사람들이 우려하는 환경 문제에 대해서 다룰 것입니다.

**The president will address the environmental issues about which people are concerned.**

**The president will address the environmental issues that people** are concerned about.

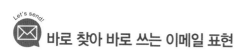

## 바로 찾아 바로 쓰는 이메일 표현

경영진은 프로젝트 비용에 대해 우려를 나타냈습니다.

Management has raised concerns about the cost of the project.

마이크에게 납기가 미뤄지는 것에 대한 팀의 우려를 전했습니다.

I shared with Mike Tim's concern about the delivery delay.

염려해 주셔서 감사합니다만, 저희 엔지니어가 문제를 해결할 것입니다.

I appreciate your concern, but our engineers will solve the problem.

# 089.
# '비난' 대신 '대안'을 제시하라

귀하의 아이디어는 좋지만 저희 사장님을 설득하려면 아이디어만으로는 부족합니다.

**Your idea is good, but we need more than an idea in order to convince my boss.**

상대방의 아이디어가 현실성이 부족하다고 하여 몰아세우기보다는 구체적인 내용을 말하도록 유도하면 상대방 스스로 부족함을 깨달을 수도 있습니다.

이렇게 되면 상대방은 어떻게 해야 사장님이 받아들일지 물어보면서 나의 의견에 귀를 기울이게 됩니다. 비판은 전혀 하지 않았지만 원하는 결과를 얻게 되는 것이죠. 상대의 계획에 구체성이 모자란다고 비난하지 말고 아래처럼 말해 보세요.

┃ 구체화된 계획은 당신의 아이디어가 실행 계획으로 바뀌도록 도와줄 것입니다.

**Detailed planning will help your idea turn into an action plan.**

more than an idea는 말 그대로 '이론(idea)보다 더', 즉 '이론 이상의'란 뜻입니다. convince는 '설득하다', convinced는 '확신하는'이라는 뜻입니다.

▌ 메리는 한국에서 40년 넘게 살았습니다.

**Mary has lived in Korea for more than 40 years.**

 바로 찾아 바로 쓰는 이메일 표현

이 분야에서는 그들이 우리보다 경험이 더 많습니다.

**They have more experience at this than we do.**

이 대리는 세일즈맨 그 이상입니다.

**Mr. Lee is more than a salesperson.**

우리 사장을 설득하는 것은 어렵지 않습니다만, 그 책임을 지는 것이 어렵습니다.

**Convincing my boss isn't hard; taking responsibility is hard.**

마이크는 캐런에게 그녀의 생각을 발전시켜서 제안서를 만들어 보는 것을 제안했습니다.

**Mike suggested that Karen develop her idea and write a proposal.**

# 090.
# 진심 어린 사과

귀하께서 불쾌한 경험을 하신 것에 대한 저희의 진심 어린 사과를 받아 주시기 바랍니다. 저희에게 알려 주신 것에 대해 깊이 감사드립니다. 사과의 의미로 귀하에게 로보트론 시리즈 패키지를 무료로 보내 드리겠습니다.

**Please kindly accept our sincere apologies for the unpleasant experience that you had with us. We greatly appreciate your bringing it to our attention. As a gesture of goodwill, we will send you a package of Robotron Series for free.**

사과를 하면서 절대로 변명은 하지 말아야 합니다. 사과는 깔끔하게 자신의 잘못을 인정하고, 상대방의 어려움에 공감을 표하는 내용만 쓰는 게 좋습니다. 변명이 들어간 사과는 상대방을 더 화나게 할 뿐이죠. 반면 진심 어린 사과는 사태를 수습할 뿐만 아니라 다음 비즈니스를 돕기도 합니다. 결국 비즈니스도 사람의 마음을 움직이는 것이기 때문입니다.

사과와 함께 문제의 해결 방법과 계획을 구체적으로 제시하는 것도 상대방에게 진심을 전달하는 한 방법입니다. 또한 위의 예문처럼 작은 선물을 함께 보냄으로써 진심을 전달할 수도 있습니다.

as a gesture of goodwill은 '사과의 의미로'라고 해석을 했지만 직역하면 '호의의 몸짓으로'라는 뜻으로, 상황에 따라 '호의의 뜻으로'라고 쓸 수 있습니다. '감사 표시로'라는 뜻의 as a token of our appreciation이라는 표현도 있습니다.

지연에 대해 진심으로 사과드리며, 이로 인해 귀사가 직면하게 될 문제를 잘 알고 있습니다. 저희는 귀사에 장비 문제의 진척 상황에 관한 주별 보고서를 드리겠습니다. 또한 저희는 시간을 절약하기 위해서 현재 다른 선적 옵션을 확인하고 있습니다. 다시 한 번, 지연에 대해 제가 XYZ 사를 대표해서 사과드립니다.

**We sincerely apologize for the delay and are well aware of the problem that you'll be facing because of it. We'll give you a weekly update on the progress of the machine issues. We're also currently checking different shipping options to save some time. Again, on behalf of XYZ I sincerely apologize for the delay.**

## 바로 찾아 바로 쓰는 이메일 표현

제 실수에 대해 사과드립니다.

I apologize for my mistake.

귀사의 사장님께서 직접 메리 씨에게 사과를 하셔야 합니다.

Your president should apologize to Mary in person.

귀하의 사과 이메일에 매우 감사드리며, 저에게 연락 주신 것에 고마움을 느낍니다.

Thank you so much for your apology email. I appreciate the fact that you're reaching out to me.

본 상황을 처리하는 귀하의 접근 방식에 저희는 깊은 감사를 드립니다.

We greatly appreciate your approach to handling the situation.

미숙 씨는 마이크 씨의 발표에 대한 감사로 박수를 치기 시작했습니다.

Misook began to clap in appreciation of Mike's presentation.

# 091.
# 강조하고 싶은 내용은
# 하나의 독립된 문장으로 써라

이 상황을 미리 공지 드리지 못한 점을 사과드리며, 귀하에게 같은 일이 다시 일어나지 않을 것임을 약속드립니다.

**Please accept our apologies for not informing you of the situation earlier. We assure you this won't happen again.**

위의 예문을 보면 우리말은 한 문장으로 연결되어 있지만 영어는 두 문장으로 나뉘어져 있습니다. '진심으로 미안한 마음'과 '앞으로의 약속'을 강조해서 전달하고 싶을 때는 각각을 독립적으로 쓰는 게 좋습니다. 문장이 길어지면 아무래도 그 의미가 희석되니까요.

assure는 비즈니스 이메일에서 활용도가 높은 단어입니다. 주로 we assure A B의 형태로 쓰는데 '우리는 A에게 B를 보장하다, 약속하다, 장담하다'라는 의미입니다. 상대에게 믿음을 주려고 하는 맥락에서 씁니다.

▌의사소통이 잘못된 것을 사과드리며, 귀하에게 그런 일이 반복되지 않을 것임을 약속드립니다.

**We apologize for the miscommunication. We assure you it won't be repeated.**

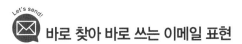 바로 찾아 바로 쓰는 이메일 표현

저희 제품이 귀사의 안전 기준을 준수하고 있음을 보장합니다.

I assure you that our product is compliant with your safety standards.

이번 버전이 지난번 것보다 훨씬 낫다고 장담할 수 있습니다.

I can assure you that this version is much better than the last one.

# 14

바이어를 끌어당기는
이메일 전략

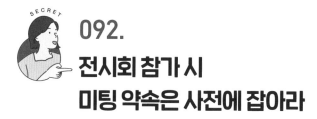

# 092.
# 전시회 참가 시
# 미팅 약속은 사전에 잡아라

데이비드 씨, 안녕하세요.

보보 사는 ABC에서 전시를 합니다. 제가 전시회에서 귀하를 만나 저희의 신규 장난감 시리즈에 대해 논의할 수 있는지 알고 싶습니다. 제가 생각하기로는 저희 신규 장난감 시리즈의 새 서보 기반 제어 기능과 귀사의 경찰차 시리즈 사이에 접점이 있다고 생각합니다. 첨부한 카탈로그를 보시고 전시회에서 시간이 되시는지 알려 주세요.

**Hello, David.**

**Bobo will be exhibiting at ABC. I would like to know if I can meet with you at the show to discuss our new toy series. I see a fit between the servo-controlled features of our new toy series and your police car series. Please see the attached catalog and let me know your availability at the show.**

해외 전시회에서 새 바이어를 발굴하려면 반드시 전시회 참가 전에 구매자와의 미팅을 잡아야 합니다. 사전 조율 없이, 전시 기간 중에 구매자를 만날 기회는 가지기 어렵습니다.

전시회에는 보통 회사의 영업사원들이 나오기 때문에 만약 자신이 만나고자 하는 사람이 Product Development(제품 개발)나 Procurement(구매: purchasing이라고도 함), Strategic Partnerships(전략적 제휴: Partnerships, Business Alliance Partnerships라고도 함), executives(임원진)라고 하면 반드시 사전에 약속을 하는 것이 좋습니다.

앞 예문의 내용을 보면 단순히 만나자고 하는 것이 아니라, 매우 구체적으로 의논하고자 하는 제품의 특징을 언급하고 상대방의 제품에 대한 이해도 보이고 있습니다. 이런 이메일로 미팅을 요청한다면 이루어질 확률이 높아지겠죠?

다음은 제품 시연회에 초청하는 내용으로, 이지민(보내는 사람) 자신이 직접 로건(받는 사람)에게 초청장을 보내지 않고 이만수에게 로건과 연락할 기회를 만들어 참석 여부에 대한 확답을 이만수가 받게 하기 위해 전략적으로 쓴 메일입니다.

| 로건 씨에게

안부 인사도 드릴 겸 귀하께 제품에 추가된 기능을 알려 드리고 싶었습니다. 저희는 ABC 전시회에서 제품 시연회를 갖습니다. 본 제품 시연회 초대장을 보내 드리기 위해, 저희 북미 지역 담당자인 이만수 씨가 귀하에게 연락 드릴 것입니다. 본 이메일에 만수 씨를 참조합니다.

안부를 담아서

이지민 드림

Mr. Logan,

I want to touch base and update you on the added features of the product. We're demonstrating our products at the ABC Show. Mr. Mansoo Lee, our North American representative, is going to contact you to send you an invitation to the product demonstration. I'm ccing Mansoo in this email.

Kind regards,

Jimin Lee

# 093.
# 거래가 성사되지 않았을 때의 조치

저희는 이번 일을 귀사의 프로젝트에 대해 배우는 기회로 삼고 싶습니다.

**We would like to take this opportunity to learn about your projects.**

거래가 성사되지 않았다 해서 그냥 물러서면 아무것도 얻는 것이 없습니다. 이때는 상대방에 대해 배우는 기회로 삼아 봅시다. 예를 들어 견적을 진행했는데 가격 경쟁력이 없다는 답변을 받았다면 단순히 Thank you. 하고 이메일을 끝맺지 말고, 경쟁사가 제시한 가격을 문의한다든지 가격 이외의 구매자가 중요하게 여기는 다른 요소들은 어떤 게 있는지 알아보는 것이죠.

알아보는 방법은 상대방의 프로젝트에 지속적 관심을 보이고 문의하는 것입니다. 문의를 할 때는 상대방에게 왜 그쪽의 정보가 자신에게, 그리고 궁극적으로는 상대방에게 도움이 되는지를 설명해야 합니다.

▎귀사의 공급업체가 현재 제안한 가격을 저에게 공유해 주실 수 있을까요?

**Could you kindly tell me the price that your supplier has currently offered?**

▎귀사의 목표 가격을 맞추기가 지금은 어렵습니다만, 저희 베트남 공장이 정상 가동되면 훨씬 더 경쟁력 있는 가격을 제시할 수 있을 것입니다.

**Meeting your target price is challenging this time, but we'll be able to offer you a much more competitive price once our plant in Vietnam is fully operational.**

## 바로 찾아 바로 쓰는 이메일 표현

귀하와의 미팅은 저에게 귀사에 대해 배우는 좋은 기회가 되었습니다.

Meeting with you offered me a great opportunity to learn about your company.

공급업체를 선정할 때 가격 외에 귀사가 중요하게 고려하는 것은 무엇입니까?

What do you consider critical other than pricing when you select suppliers?

본 프로젝트가 어떤 단계에 있습니까? 입찰 혹은 (입찰 후) 공급자 선정 단계입니까?

What stage are you in for the project, bidding or selecting suppliers?

저희는 귀사의 목표 가격을 벤치마킹하여 거기에 맞추기 위한 계획을 세울 것입니다.

We will benchmark your target price and come up with a plan to meet it.

# 094.
# 고객의 닫힌 문 열기 1
# – 한정된 기간 제시

첫 6개월은 한국 시장을 함께 검증해 보는 기간으로 고려해 주시기를 제안드립니다. 그 첫 6개월 동안 귀하의 가격을 10달러에서 9달러로 인하하는 것을 재고해 주시겠습니까?

**I would like to suggest that you consider the first six months a joint test period for the Korean market. Could you reconsider and lower your price from \$10 to \$9 for the first six months?**

첫 거래에서 가격을 제시했는데 상대 회사가 거절하는 경우가 종종 있습니다. 이런 경우, 그냥 물러서지 말고 상대방에게 한정 기간을 조건으로 넣어서 다시 한번 제안해 보세요. 누구나 제한적인 시간이 주어지면, 그것에 대해서는 보다 호의적인 반응을 보이기 때문입니다.

▍첫 3개월 동안 원래 가격에서 20%를 할인해 드리겠습니다.

**We will discount the product by 20% off the original price for the first 3 months.**

▎ 이달 신규 구매 고객에 한해 100달러의 추가 할인 혜택을 제공한다면, 구매를 고려해 주시겠습니까?

**If we offer an additional $100 off for new customers this month, will you consider making a purchase?**

consider A B는 'A를 B로 여기다'라는 뜻입니다. 다수의 우리나라 사람들이 consider A as B라고 쓰는데, 이는 올바른 쓰임이 아닙니다.

▎ 귀하는 어떻게 생각하실지 모르지만, 저는 귀하에게 알려 드리는 것이 의무라고 생각합니다.

**I don't know what you'll think of it, but I consider it my duty to inform you.**

▎ 저는 귀하의 계약 조건이 공정하다고 생각합니다.

**I consider your terms fair.**

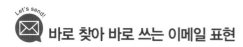

# 바로 찾아 바로 쓰는 이메일 표현

귀사와 좋은 협력 관계를 구축하고 싶습니다. 첫 6개월간 기존 제시 가격에서 10%의 추가 할인을 고려 중입니다.

We'd like to establish a good partnership with you. We're considering an additional 10% discount on the original price for the first 6 months.

우리는 제3자의 의견을 구해야 한다고 생각합니다.

We should consider seeking an opinion from a third party.

귀하는 어떻게 생각하실지 모르지만, 저는 귀하에게 알려 드리는 것이 의무라고 생각합니다.

I don't know what you'll think of it, but I consider it my duty to inform you.

귀사의 품질 보증 기간을 1년에서 2년으로 늘리는 것을 재고해 주시겠습니까?

Could you reconsider extending your warranty period from one to two years?

마이크는 캐런에게 그녀의 계획을 다시 생각해 보라고 제안했습니다.

Mike suggested that Karen reconsider her plan.

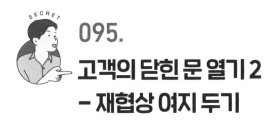

# 095.
# 고객의 닫힌 문 열기 2
# – 재협상 여지 두기

본 제안은 첫 6개월 동안으로 한정된 것입니다. 6개월 후, 저는 결과를 평가하고, 필요하다면 제안을 재조정하고 싶습니다.

**The offer is limited to the first six months. After six months, I would like to assess the results and, if necessary, adjust the offer.**

첫 거래 시 손해를 감수하면서라도 새로운 고객을 유치하는 경우가 있습니다. 그럴 경우 위의 예문과 같은 표현을 써서 재협상의 여지를 열어 두세요. 만약 실제로 추후 재협상을 하게 된다면 미리 언급해 두었기 때문에 상대방이 느끼는 거부감을 최소화할 수 있습니다.

limited는 '제한된'이라는 뜻이죠. 예를 들어, 회사가 떠안는 법적 책임 형태를 제한적으로 갖는 경우인 Limited Liability Company(LLC)에 쓰입니다.

❘ 본 비밀번호는 그 건물로의 제한적인 보안 접근을 허용합니다.

**The passcode will get you limited security access to the building.**

메리는 제한적 책임을 지는 회사로 사업을 하길 원해서, LLC로 회사를 만듭니다.

**Mary wants to do business as a limited liability company, so she creates an LLC.**

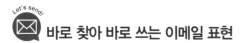

## 바로 찾아 바로 쓰는 이메일 표현

우리는 제한된 예산으로 부스를 설치해야 하기 때문에 창의력이 필요합니다.

We need to be creative because we have to furnish the booth on a limited budget.

첫해가 끝나는 시점에서 저희는 귀사와 함께 계약 조건을 검토하고, 필요하다면 그것에 따라서 재조정하고 싶습니다.

At the end of the first year, we would like to review our terms with you and, if necessary, adjust them accordingly.

우리의 시장을 아시아로만 국한시키지 맙시다.

Let's not limit our market only to Asia.

제한된 자금을 고려하면, 그의 개발 실적은 인상 깊군요.

Given the limited funding, his development achievement is impressive.

# 096.
# 구매자가 원하는 것을
# 전체적인 시각에서 고려하라

안타깝게도 귀사에서 제시하신 가격은 저희가 맞출 수 없지만, 저희의 품질 보증 기간을 2년으로 늘리는 것은 가능할 수도 있습니다.

**Unfortunately, we can't match the price that you've proposed; however, we could extend our warranty to two years.**

비즈니스에서 상대가 원하는 것을 단순히 yes/no로 접근하지 말고 폭넓게 고려해야 합니다. 상대방의 요구가 가격을 낮추는 것인데 그쪽이 제안한 가격을 맞출 수 없을 경우, 가격 외의 것을 흥정해서 상대방과 협상을 하는 방법도 있습니다. 예를 들어 경쟁사보다 더 긴 품질 보증 기간을 제공할 수도 있고, 납기일을 더 짧게 가는 것을 제안할 수도 있죠.

보통은 구매자 입장에서 초기 물량을 많이 주지 않습니다. 제조사의 능력을 검증하는 기간이 필요하기 때문이죠. 반대로 제조사는 새로운 제품을 생산하려면 초기 투자 비용이 들어가기 때문에 힘이 들 것입니다. 그럴 때 첫 번째 가격은 이렇게 받지만 두 번째 수량이 확보되면 가격을 낮추겠다는 약속을 하면서 협상을 할 수도 있습니다. 또한 가격만이 모든 것을 결정한다는 사고를 버리고 구매자가 최종적으로 원하는 것이 무엇인지 검토한다면 구매자를 설득할 수 있습니다.

가격이나 조건 등을 '맞추다'라고 할 때 match 또는 meet을 흔히 씁니다.

┃ 안타깝게도 저희가 귀사의 목표 가격은 맞출 수 없습니다. 상황이 바뀌면 다시 연락 드리겠습니다.

**Unfortunately, we can't meet your target price. If there are any changes, we'll contact you again.**

┃ 만약 귀사가 원자재를 저희의 표준 자재로 바꾸는 것을 허용하면 저희는 귀사의 목표 가격을 맞출 수 있습니다. 첨부한 저희 표준 원자재의 성분 분석표를 검토해 주십시오.

**If you allow us to change the material to our standard material, we'll be able to meet your target price. Please review the attached mill certificate of our standard material.**

▸ mill certificate 성분 분석표

**바로 찾아 바로 쓰는 이메일 표현**

---

귀하가 제안하신 품질 보증 조건은 저희가 맞출 수 없습니다. 상황이 바뀌면 연락 드리겠습니다.

**We are unable to match the warranty terms that you've proposed. If there are any changes, we'll contact you.**

저희 표준 원자재의 성분 분석표를 검토해 보시고, 원자재를 저희의 표준 자재로 바꿔도 되는지 알려 주세요.

**Please review the mill sheet of our standard material and let us know if we can switch the material with our standard.**

▶ mill sheet (= mill certificate) 성분 분석표

CE 인증을 위한 추가 비용을 뺀다면 저희는 귀사의 목표 가격을 맞출 수도 있습니다.

**If we remove additional costs for CE certification, we could meet your target price.**

금형 제조 비용을 귀사에서 지불한다면 저희는 1,000개를 제안하신 가격에 공급할 수 있습니다.

**If you pay for the mold cost, we can supply 1,000 units at your price.**

귀사의 가격에 맞추기 위해서는 최소 주문량이 10만 개가 되어야 합니다. 저희는 초기 금형 제조 비용을 상쇄할 필요가 있기 때문입니다.

**In order to meet your price, the minimum order has to be 100,000; we need to cover the initial mold costs.**

---

# 097.
## 과거 구매자와 다시 연락을 취할 때

메건 씨, 안녕하세요.

이메일로 저를 소개하게 되어서 기쁩니다. 저는 ABC 사의 새 영업부 과장 이동기입니다. 2018년 3월이 귀사의 마지막 구매인데, 저희와 거래를 중단한 이유를 말씀해 주실 수 있을까요?

**Hello, Megan.**

**It's my great pleasure to introduce myself via email. I'm Dongki Lee, the new sales manager at ABC. Your last purchase from us was in March 2018. Could you kindly tell me why you stopped working with us?**

연락이 끊긴 구매자와 다시 연락을 해야 하는 것 때문에 고민할 수 있습니다. 위의 예시 메일은 자신이 새로 업무를 맡게 된 것을 계기로 과거 구매자에게 다시 연락을 취하는 경우입니다. 해당 구매자와 왜 거래가 중단되었는지 아는 것은 새 구매자를 개척하는 것만큼 중요합니다. 기존의 구매자에게 판매할 가능성은 새 구매자에게 판매할 가능성에 비해 높기 때문이죠.

　다음은 우리 제품이 과거 구매자가 원하던 사양을 갖추었다고 알려 주며, 다시 구매자와 관계를 맺을 수 있는 가능성을 만드는 내용의 이메일입니다.


▎카일 씨, 안녕하세요.

오랜만에 연락드립니다.
그동안 잘 지내셨기를 바랍니다.

제가 4월 20일부터 25일까지 캐나다 출장을 갈 예정입니다. 이때 귀사가 2018년에 관심을 보이셨던 무독성 처리 목재에 대해 의논하고자 귀사를 방문하고 싶습니다. 저희 목재는 4~12세 어린이들을 위한 하키 채에 완벽할 것입니다.

시간이 되시는지 알려 주십시오.


**Hello, Kyle.**

**It's been a long time since we last spoke.**
**I hope all is well with you.**

**I'm going on a business trip to Canada from April 20 to April 25. During that period, I would like to visit you to discuss the non-toxic chemically treated wood in which you expressed interest in 2018. Our wood would be perfect for hockey sticks for children from 4 to 12 years old.**

**Please let me know of your availability.**

# 098.
# 제품 비교표(product comparison table)를 준비하라

> 미팅 시간을 내 주셔서 감사합니다. 저희 제품과 귀사가 현재 판매하고 있는 ABC의 비교표를 첨부합니다. 저희 제품을 써 보길 원하시면 샘플을 보내 드리겠습니다.
>
> **Thank you for meeting me. I'm attaching a product comparison table between our product and the ABC product that you're currently selling. If you're interested in trying our product, I'll send you a sample.**
>
> • Product Comparison Table
>
> |  | our product | ABC |
> | --- | --- | --- |
> | **Pricing**<br>• End user:<br>• Distributor: |  |  |
> | **Features & Benefits** |  |  |
> | **Specifications** |  |  |
> | **Warranty** |  |  |

마케팅 자료를 만드는 이유는 홍보와 판매가 목적입니다. 그러기 위해서는 고객에 대한 이해가 반드시 선행되어야 하는 과제이죠. 시장이

다르면 그 시장에 맞는 마케팅 자료를 준비해야 합니다. 만약 수출 시장에 대한 준비가 됐는지 알고 싶다면, 다음 두 가지 질문에 **Yes**라고 답을 할 수 있어야 합니다.

- 귀사의 목표 시장에 있는 경쟁사를 알고 있는가
  ▶ 북미 시장을 목표로 하면 북미 경쟁사를, 유럽 시장을 목표로 하면 유럽 경쟁사를 알아야 합니다.
- 가격, 기능, 혜택, 품질 보증, 사양을 담은 제품 비교표가 있는가

우리 제품과 경쟁사 제품을 비교한 표를 product comparison table (제품 비교표)이라고 합니다. 그럼 그 표에 있어야 하는 정보에 대해 알아볼까요?

**Pricing**: end user price(최종 소비자/사용자 가격)는 대체로 파악하기 쉽습니다. 어려운 것은 유통사가 제조사에 받는 가격 정보를 알아내는 것입니다. 만약 내가 유통사의 중간 이윤을 경쟁사보다 적게 준다면, 유통사를 확보하는 데 그만큼 불리하기 때문이죠. 따라서 distributor price(유통사 가격)을 알아내는 것이 핵심입니다. 하지만 이는 인터넷 검색으로는 알 수 없는 정보이기 때문에 반드시 유통사와 만남을 가져서 알아내야만 합니다.

**Features & Benefits**: 이 둘은 묶어서 이해하는 것이 더 쉬울 것입니다. feature는 '기능'이고, benefit은 사용자가 그 기능을 사용함으

로써 얻게 되는 '혜택'이라고 이해하면 됩니다. feature는 전문 용어로 많이 설명하고, benefit은 사용자가 쉽게 이해할 수 있도록 설명해야 합니다.

**Specifications**: 제품의 '사양'을 나열한 것으로, 목표 시장에 맞춰 변경이 필요한 항목입니다. 이는 사양 자체의 변경이 아니라 목표 시장이 cm, m, g, kg 등의 단위를 쓰는지 inch, foot, mile, pound 등의 단위를 쓰는지 확인해야 한다는 것입니다. 목표 시장에서 쓰는 단위로 통일하는 것이 좋기 때문이죠.

**Warranty**: warranty는 '품질 보증(서)'를 가리킵니다. 제품 구매 결정에서 품질 보증 범위가 결정적 역할을 하는 때가 있습니다. 그러므로 경쟁사가 내놓는 품질 보증에 필적하는 내용을 제시하는 것이 좋습니다. 어떤 때는 가격을 협상할 때, 가격을 내려 주는 대신 품질 보증 기간을 2년으로 늘려서 구매자를 만족시키는 방법도 있습니다. 만약 제품이 복잡한 것이라면, 반드시 사용자 매뉴얼을 상세히 만들어야만 합니다. 상세한 사용자 매뉴얼은 warranty 비용을 많이 줄여 줍니다. 왜냐하면 북미나 유럽은 문서에서 해결책을 찾는 것이 습관화되어 있기 때문에, 물건에 문제가 생기면 사용자 매뉴얼을 보면서 스스로 문제를 해결하려는 시도를 하고, 그래도 문제가 해결되지 않으면 제조사의 warranty 조항을 봅니다. 그러니 꼼꼼하게 잘 만들어진 사용자 매뉴얼은 품질 보증 비용을 절약하는 해결책입니다.

099.

# 바이어의 관심을 끄는 순차적 제안

산테라모 선생님께

작년 뉴욕에서 열린 XYZ 콘퍼런스에서 만나 뵙게 되어 반가웠습니다. 제가 귀사의 브로슈어를 이만수 부장님께 보여 드렸더니, 부장님께서 양사의 제휴 기회에 대해 관심을 표명하셨습니다. 양사가 서로 맞는지 알아보기 위해 전화 회의를 갖는 것은 어떠신지요?

가까운 시일 내에 귀하의 회신이 오길 기다리겠습니다.

안부를 담아서

용찬 드림

**Dear Mr. Santeramo,**

**It was a pleasure meeting you at the XYZ Conference** (행사 이름을 구체적으로 밝히는 게 좋다) **in New York last year. I showed your brochure to my director, Mansoo Lee, and he expressed interest in a partnership between our two firms. Would you be interested in having a conference call to see if there's a fit between us?**

**I look forward to hearing from you shortly.**

**Regards,**

**Yongchan**

우리나라 회사에서 보내오는 비즈니스 이메일을 보면 너무 많은 내용을 한꺼번에 담으려는 경향이 있습니다. 구매자의 의향에 따라서 제안하는 내용을 달리할 수 있으므로, 이메일에서 내가 말하고자 하는 것에만 몰두하지 말고 구매자의 관심 정도를 어떻게 확인할 수 있는지를 먼저 생각해야 합니다. 성공적인 비즈니스 이메일은 길게 보내는 것이 아니라, 상대방으로부터 답을 받아 내는 이메일이 아닐까요?

예문은 일단 상대 회사가 우리와의 제휴에 관심이 있는지 없는지에 대한 초기 관심 정도만을 묻고 있습니다. conference call(전화 회의)에 관심이 있다고 하면 전화 회의 안건을 통해서 구체적인 내용을 넣을 수 있고, 안건에 대한 상대방의 답을 통해서 그쪽의 생각도 읽을 수 있습니다.

[회신]

┃ 안녕하세요, 용찬 씨.

이메일 감사드립니다.

귀하의 의견을 저희 경영진에게 전달하겠습니다. 하지만 제가 귀사에 대한 정보를 더 수집할 수 있도록 도와주시겠습니까? 저는 귀사의 웹사이트를 방문했지만 귀사의 제품 XYZ에 대한 정보를 별로 찾을 수 없었습니다. ABC도 제조하십니까?

마이크 드림

Hello, Yongchan.

Thank you for the email.

I'll present your idea to our management team. But could you help me get more information about your company? I visited your website but couldn't find much information about product XYZ. Do you also make ABC?

Sincerely,

Mike

# 100.
# 구매자에게 방향을 제시하는
# 회의 정리 노트

귀하의 도움이 필요한 주제는 제가 빨간색으로 강조해 두었습니다. 제가 그 주제들에 대한 몇 가지 핵심 사항을 놓쳤기 때문에 귀하께서 추가/설명해 주시면 매우 감사하겠습니다.

**I need your help on the topics that I highlighted in red. I missed some points on those topics, so additions/clarifications would be greatly appreciated.**

전화 회의나 미팅 후에는 회의 내용을 정리해 상대방에게 보내는 것이 좋습니다. 정리하면서 실제 회의 때 빠뜨린 것을 파악하고 그 내용을 상대방에게 요청하는 것은 비즈니스에서는 지극히 정상적입니다. 또한 구매자에게 내가 원하는 다음 단계를 이메일을 통해 제안할 수 있습니다. 다음 단계란 물론 판매나 계약을 따내기 위한 한걸음을 가리킵니다.

　우리나라의 많은 제조사들은 제품이 좋으면 잘 팔린다고 생각하는 경우가 있습니다. 제품의 품질적 차이는 두 번째입니다. 제품이 아무리 좋아도 영업이 제대로 이루어지지 않으면 품질적 차이를 아는 고객은 아무도 없습니다. 구매자의 구미를 당기는 이메일을 작성하는 기술은 제품 제조만큼이나 중요합니다.


[회의 정리 노트 이메일의 예]

▍ 안녕하세요, 마이크 씨.

유익한 전화 회의 감사드립니다.
제가 다음과 같이 우리가 의논한 것을 정리하였습니다.

1) / 2) / 3)

저희가 보내 드리는 시험 데이터를 검토하신 후 귀사의 실험실에서 저희 샘플을 시험해 보실 것을 제안드립니다.

안부를 담아서

용찬 드림


**Hello, Mike.**

**Thank you for the great conference call.**
**I'm summarizing our discussion below:**

**1) / 2) / 3)**

**I'd suggest testing our samples at your lab after we send you our testing data for review.**

**Kind regards,**

**Yongchan**

**Awesome!**